泰州学院高层次人才科研启动基金（TZXY2020QDJJ005）

用隐喻审判

法律隐喻的观念史研究

杨德祥◎著

上海三联书店

图书在版编目(CIP)数据

用隐喻审判:法律隐喻的观念史研究/杨德祥著
.一上海:上海三联书店,2023.12
ISBN 978 - 7 - 5426 - 8320 - 5

Ⅰ.①用… Ⅱ.①杨… Ⅲ.①法学—隐喻—研究
Ⅳ.①D90

中国国家版本馆 CIP 数据核字(2023)第 235579 号

用隐喻审判:法律隐喻的观念史研究

著　　者 / 杨德祥

责任编辑 / 郑秀艳
装帧设计 / 一本好书
监　　制 / 姚　军
责任校对 / 王凌霄

出版发行 / 上海三联书店
　　　　　 (200030)中国上海市漕溪北路 331 号 A 座 6 楼
邮　　箱 / sdxsanlian@sina.com
邮购电话 / 021 - 22895540
印　　刷 / 上海惠敦印务科技有限公司

版　　次 / 2023 年 12 月第 1 版
印　　次 / 2023 年 12 月第 1 次印刷
开　　本 / 890 mm×1240 mm　1/32
字　　数 / 150 千字
印　　张 / 6.5
书　　号 / ISBN 978 - 7 - 5426 - 8320 - 5/D·611
定　　价 / 45.00 元

敬启读者,如发现本书有印装质量问题,请与印刷厂联系 021 - 63779028

目　录

序

　　离开了隐喻，语言便大大丧失了理解性与传播性，而丧失了理解性与传播性的语言便不能称其为语言。可以想见，若没有蒹葭、芙蕖、硕鼠……，《诗经》便不会传诵至今。在专门的法律领域，对于立法语言来说，隐喻同样具有非常重大的意义。立法语言是法律规范、法典乃至法制体系的基本构成要素；具有典型意义的立法语言之于法律规范、法典与法制体系，犹如意义之网上的扭结，中国古代的律学家称其为"律母"与"律眼"①。中国古代律典中的这些"定型化了的典型"②具有鲜明的理论意义，也具有突出的实践价值：一方面，其表征着立法者、注律者针对特定法律现象的抽象、概括程度逐渐提高；另一方面，"十恶""八议""七杀""六赃""五刑"等术语内涵逐渐丰富、外延逐渐清晰，也是司法实践的迫切需求。

　　作为中华法系的巅峰之作，《唐律疏议》在言辞与叙事方面亦可称为典范，"凡五百条，共三十卷。其疏义则条分缕别，句推字

---

① 参见［清］王明德：《读律佩觿》卷之一，怀效锋等点校，北京：法律出版社，2001年版，第2—3页。

② 霍存福、丁相顺：《〈唐律疏议〉"以""准"字例析》，《吉林大学社会科学学报》，1994年第5期，第45页。

解，阐发详明，能补律文之所未备。其设为问答，互相辨难，精思妙意，层出不穷，剖析疑义，毫无遗剩。……洵可为后世法律之章程矣。"①与言辞、叙事密切相关的则是其在立法技术与法律原理方面的成就。著名日本学者仁井田陞曾说："在当时世界上，达到像唐律（及律疏）这样发达程度的法典一部也没有。即使被称为中世纪西欧划时代法典的《加洛林纳法典》，也不仅比唐律晚了九百年，发达的程度也大不如。甚至 19 世纪西欧的刑法典，与其相比也未必增色多少"②。隐喻在其中所具有的重大意义自不待言，我们自《唐律疏议》中可以见到关于法律秩序的描述："三才肇位，万象斯分"；可以见到关于主观恶性的判断："情恣庸愚，识沈愆戾"；可以见到关于刑罚依据的表达"观雷电而制威刑，睹秋霜而有肃杀"……

就此来看，"用隐喻审判"本身可能并不是个纯粹的隐喻，而是律者的智慧。

德祥教授对于法律隐喻有着深入、系统且持续的关注。若以讲授的课程、归口的学科、所在的院系来区分，德祥教授可能不在"法学界"之内，但也正是基于"旁观者"的立场，他对"法律"问题的观察较之"圈内人"或许更加清晰与透彻。本书所探讨的事例多是西方的，但立场、话语及旨趣却透露着作者鲜明的本土意识。在建构中国自主法学知识体系的背景之下，立足中国固有法治传统与法律文化，充分参照西方法的有益元素是极为有效的路径。本书显然为立足中国特色社会主义法治实践的参照提供了多元、广泛且有益的视角、对象与素材。

---

① 曹漫之：《唐律疏议译注》，长春：吉林人民出版社，1989 年版，李光灿"序"第 2 页。
② 〔日〕仁井田陞：《补订中国法制史研究·刑法》，东京大学出版社，1981 年版，第 172 页。

　　我与德祥教授相识多年,也曾经同在一间办公室,对其为学、为人了解颇深。他是生活中的老大哥,为人坦诚、仗义,西北汉子的性格极为鲜明,平时对我亦多关照。近期收到大作,有幸成为了本书可能最早的读者。读毕全稿,忽然发现我们竟从未当面探讨过"专门"的学术问题,以上"读后感"或有不当,权且当作向德祥大哥的"专门"求教吧。

　　匆匆记录,愿与诸君分享。

刘晓林

2023 年 3 月 21 日

于吉林大学前卫南区匡亚明楼

前　言

　　隐喻的定义有广义和狭义两种。亚里士多德把一切修辞现象称为隐喻性语言,认为隐喻和明喻一样,都是一种用修辞性语言对不同事物进行对比的语言使用现象。认知语言学派的莱科夫等人的隐喻观也比较宽泛,把明喻、提喻和反喻都当作隐喻,认为隐喻不仅是一种语言现象,更是一种认知现象,是人类认识事物、构建概念体系的必要方法。甚至还有人认为谚语、寓言、拟人也属于隐喻。

　　二十世纪八十年代开始,随着西方"隐喻热"的出现,英美法律学者的研究中隐喻的地位上升很快,出现了大量的研究成果,发现法律分析和推理,以及律师、法官和学者们关于法律的交流方式中,存在大量的隐喻,隐喻具有非常重要的意义。① 实际上,几乎所有的这些研究都赞同这个观点:法律隐喻对人们理解和使用法律概念的方式非常重要。这些研究已经促使法学界用一种新颖和建设性的方式来讨论传统法理学中法律分析和交际的本质。

---

① David T. Ritchie, *Who is on The Outside Looking in, and What Do They See?: Metaphors of Exclusion in Legal Education*, 58 Mercer L. Rev. (Spring, 2007), 993.

认知心理学家和语言学家认为所有知识和理解在本质上都具有隐喻的特点[①]，隐喻对人们的思想和行为具有重大影响。在英美法系，法律话语中隐喻的使用有很强的说服力。法律隐喻构建话语结构，决定各种社会法律问题的合理范围和解决办法。法院和评论家把隐喻作为一种启发方式，思考和形成法律适用于各种新领域的假设，而法律隐喻有意或无意地渗透到法律话语过程中，建构了法律职业人士认识和理解某些概念的方式。法官在审理案件时，可以用隐喻做出富有说服力和逻辑性的论证。

就法律隐喻出现的文本而言，英美法律制度中具有重要意义的隐喻都不是出现在普通语言学者的著述中，而是弥漫于法律学者数量庞大的论著、司法判例和规范性法律文件中。他们对隐喻范畴的理解比较开放，除严格意义上的隐喻外，还包括明喻、提喻、转喻、拟制、拟人等修辞格，因为它们在本质上都是用某一事物来说明另一个事物。这为研究法律隐喻增添了很大的难度，但正因如此，也更能显示其研究意义之所在。

其次，从英美法律隐喻的具体使用场域来看，法律隐喻可能出现在法律解释、法律论证和法律推理这三种类型中，而从三者的关联性来说，有时很难截然分开。从概念上看，三者都有自己的明确意义：广义的法律解释，既包括法官在待决案件已有法律规定的情况下，在法律文义的可能范围之内进行的解释，还包括在没有明确法律条文可以适用的案件中所进行的漏洞填补，主要目的在于通过对相对模糊法律文本的阐明，使得现有法律可以适用于具体的案件事实；法律推理通常是指在具体的案件中，以一个或数个已知

---

① George Lakoff & Mark Johnson, *Metaphors We Live By*, University of Chicago Press, 1980: 3.

的法律规范和事实为出发点,推导出一个未知的法律结论的过程;法律论证是通过提出一定的根据和理由来证明某种立法意见、法律表述、法律陈述、法律学说和法律决定的正确性与正当性。但从相互的关联性上分析,三者有密切联系:作为典型的法律方法,司法审判实践过程中,法官的法律论证中不可避免的要适用法律规范或法律原则,而适用法律规范或法律原则又必须要对法律文本进行解释,对法律的解释寓于法律论证的过程之中,而法律论证方法在一定程度上吸收、融合了法律解释方法;法律推理和法律论证是司法裁判过程中法律思维不同阶段的体现,在作出司法判决的过程中,法官要先通过法律推理得出初步的结论,然后再通过法律论证对这一结论进行检验,法律推理和法律论证在判决说理的过程中是并行交替的。从宏观上看,三者又是相互融合的,即整体意义上的法律论证包括了法律推理的过程和对推理结论的证成。

　　法律隐喻概念弥漫在英美法律制度的每一寸肌肤中,究其原因,隐喻是人类利用和理解某些表达抽象思想的重要概念的一种能力。隐喻不仅表达思想,也构建思想,甚至使思想成为可能。当代学者逐渐认识到"在我们思想和行为的方面,我们日常的概念体系根本上是隐喻的,隐喻是基本的认知工具,不仅在说和写方面,而且在思维方面也是如此。"为深刻理解和认识法律隐喻的功能,有必要从观念史①的角度详细研究某些英美法律制度中无处不在的隐喻概念,这对于深刻、全面地理解法律隐喻在法律制度中的重要性,在此基础上对隐喻在法律解释中的说服力展开全面、细致的分析和研究都至关重要。因为,任何制度本身就是某个观念的化

---

① 观念史研究一个观念的出现以及意义演变过程。参见金观涛、刘青峰:《观念史研究》,北京:法律出版社,2009年版,第3页。

身或者说是固化了的观念①,人们通过观念表达某种意义,进行思考、会话和文本写作,从事社会交往,形成公认的普遍意义,并建立复杂的言说和思想体系。② 更深层次上,观念建构社会规则,而表达观念的话语"不只是描述事物,而且通过话语使用人对世界的了解,获得具体经验和行为的意义,进而继续行事"③。在这个意义上,对英美法中某些重要的隐喻概念进行纵向考察,有助于帮助人们理解以隐喻形式表现的法律术语如何从一个个观念发展、演变为某些重要的法律原则或制度,最终建构法律行为。

这是写作本书的缘由。本书是作者主持完成的国家社科基金西部项目《英美法律解释中隐喻的说服功能研究》结项之后的后续工作,以项目名称命名的专著也已出版。由于各种原因,书中并没有从观念史的角度详细论述某些重要法律隐喻的产生和发展,因此也不能从词语的微观层面上充分展示司法话语是权力和行为的特征。为此,作者以该书中有关认知语言学的部分内容作为本书的前三章主要内容,以此为理论基础,详细考察和追溯法律隐喻的缘起和法律适用过程,以期充分展示和揭示法律语言的魅力,为有时陷入无法可依困境的中国法官提供一种解释和适用法律的语言学路径。

---

① Nelson, Richard R., and Bhaven N. Sampat, *Making Sense of Institutions as a Factor Shaping Economic Performance*, 44 *Journal of Economic Behavior and Organization* (2001), 31 - 54.

② 金观涛、刘青峰:《观念史研究》,北京:法律出版社,2009 年版,第 3 页。

③ Van Dijk, T. A., *Discourse as interaction in society*, in T. A. van Dijk (Ed.), *Discourse as social interaction*, London: Sage, 1997: 1 - 37.

第一章

英美法律隐喻概述

　　隐喻式交流是法学家必须抛弃的一个根深蒂固的有害习惯，这种观点源自英美法系法律职业者的精英主义意识。他们认为隐喻来自于普通人的经验，而学理分析却是法律专业人士细心守护和不断实践的有指导意义的成果。但是一个奇怪的现象是，无论英美法系的法学家们对隐喻持何种观点，一个不容忽视的客观事实是英美判例中充斥着大量的法律隐喻。

一

　　1889 年，在哥伦比亚大学的毕业演讲中，本杰明·内森·卡多佐，这位后来的最高法院大法官，提醒听众关注政治与宗教中比喻的重要性："爱默生的箴言，'教堂不是依据宗教信条、而是依据比喻建立的'，这句话在宗教领域是正确的，在政治领域也是真实的。"①成为法官后的卡多佐承认并非常重视形式和内容的关联，

---

① Margaret Hall, eds. , *Selected Writings of Benjamin Cardozo*. New York: Albany, 1947: 51: Churches have been built, not upon principles, but upon tropes.

将爱默生的这句名言适用于法律领域，并且认为这样做是恰当的，因为在法律领域和政治宗教领域，比喻都发挥着重要作用。美国宗教、政治和法律领域中许多重要而且有影响的原则通常都是借助比喻表述，法院的判决书中也经常出现数量庞大的隐喻、明喻、拟人和其他比喻，而且长期存在，已经制度化，在作出司法判决时以原则、标准、学说和命题的形式被使用。

1963 年，在阿宾顿学区诉斯科姆普案的同意意见中，威廉姆·卜睿南大法官赞同最高法院的意见，认为公立学校的圣经阅读和宗教祷告违反了第一修正案，选择使用了"法律不认识异端邪说"的拟人修辞作为原则，这个原则"最近在基洛夫诉圣尼古拉斯大教堂案中重新得到确认"①。1966 年，联邦地区法院法官丹尼尔·托马斯在判决有关宗教自由的案件时，坚定地认为被称为"杜马斯法案"的阿肯色法典违反了"杰斐逊所称的'政教分离之墙'。……在我们的传统中没有任何一个宪法原则比这个原则更根深蒂固"②。因此，不难理解，隐喻"分离之墙"已经成为司法原则。

1972 年，在一个有关集会权和申诉权的案件中，麦高恩法官借助拟人的修辞手段断定："很难想象有禁止在国会山游行和集会的法律，这可能明显违背第一修正案规定的各项自由需要生存的呼吸空间和政府只在非常具体的范围才可以管制的原则"③。

---

① *Abington school Dist. v. Schempp*, 374 U. S. 203, 343 – 344 (1963): The law knows no heresy.

② *Goodson v. Northside Bible Church*, 261 F. Supp. 99, 103 (1966): the "Dumas act" violated "what Jefferson termed the 'wall of separation between Church and State'".

③ *Jeannette Rankin Brigade v. Chief of Capital Police*, 342 F. Supp. 575, 585 (1972): First Amendment freedoms need breathing space to survive and government may regulate in the area only with narrow specificity.

1977 年,瑟古德·马歇尔借鉴了 1896 年普雷西案的判决,在贝克案的判决书中宣布:"但是,我们必须记住'宪法是没有种族偏见的'这个原则仅仅出现在孤独的反对者的意见中,……最高法院的多数法官反对色盲原则,从普雷西到布朗诉教育委员会案的 60 年中,美国是一个人按照肤色依法获得'特别'待遇的国家。①"

　　还有许多其他隐喻形成的法律"原则"促进了法院判决的产生。1963 年,卜睿南大法官执笔了最高法院在班特姆图书公司诉萨利文案的判决意见,利用隐喻进行论证:"我们强调对隐晦下流的管制,这郑重体现了最严格的程序保障措施,因此这只是表达自由必须辅之以合理保障措施这一较大原则的特例。"②23 年后,哈利·布拉克曼大法官在另一个关于审查制度的米斯诉柯尼案的判决书中写到:"在本案中,最高法院没有适用'表达自由必须辅之以合理保障措施'这个确立已久的原则。"③卜睿南隐喻式论证的影响清晰可见。

　　司法实践中,如果司法隐喻不是"原则",就可能是"法律规则"。1969 年,在一个有关推迟服役和战争抗议者的案子中,贝兹伦法官使用了一个比喻式"规则":"当然,米切尔确实提前发现和发展了寒蝉原则。④"1987 年,洛杉矶机场委员会作出决定,禁止洛杉矶国际机场中心航站楼区域的所有"第一修正案保护的活动"。最高法院宣布该决定违宪,宣布判决时,几次借用了比喻的"过宽

① *University of California Regents v. Bakke*, 438 U. S. 265,401(1977): Constitution is colorblind.

② *Bantam Books, Inc. v. Sullivan*, 357 U. S. 58,66(1963): the freedom of expression must be ringed about with adequate bulwarks

③ *Meese v. Keene*, 481 U. S. 465,485(1986).

④ *National Students Association v. Hershey*, 412 F. 2d 1103,1114(1969): the chilling effect doctrine.

限制原则"：

> 按照第一修正案的过宽限制原则，法律允许言论或行为被禁止的个人对法律的字面意义提出异议，"因为这也威胁到法庭之外的其他人，他们想做出受到法律保护的表达行为，但会控制自己这样做而不是冒着被控诉的风险，或企图被法律宣布部分无效。……巴格特案的法院裁定如果缺乏任何限制性解释，弃权将没有任何目的，而且认为按照第一修正案的过宽限制原则，在文意上这些法律违宪"①。

司法判决书中的有些比喻出现一两次后不再为人所闻，但是其他比喻却有持久的影响力，成为司法推理和判决形成中被接受的固有内容。除演变为原则和规则的比喻之外，一部分使用时间较长的比喻已经成为"主要宗旨"和"标准"。1978 年，约翰·鲍尔·斯蒂文思大法官宣布了联邦通讯委员会诉帕西菲卡基金会案的判决意见，写到："社会发现言论唐突的事实不足以成为压制言论的理由。实际上，如果引起冒犯的是说话人的意见，这种后果是赋予这种冒犯行为以宪法保护措施的理由。因为政府在思想市场中保持中立是第一修正案的主要宗旨。②"这种宪法"宗旨"的依据不只是字面意义的思想市场，而且也成为司法论证的有机组成部分。

1943 年，勒恩德·汉德法官在一个关于新闻采访和独占垄断

---

① *Airport Commr's v. Jews for Jesus*, *Inc.*, 482 U. S. 569, 574(1987): the first Amendment overbreadth doctrine.

② *F.C.C. v. Pacifica Foundation*, 438 U. S. 726, 745(1978): the government must remain neutral in the marketplace of ideas.

的案件中讨论了来源众多、层面不同和肤色有别的新闻传播中的公共利益,说"如果那种利益确实不是第一修正案保护的同一种利益,也是非常近似的。它假设正确的结论更可能来自于众人之口,而不是任何权威的选择。对许多人而言,这现在是,而且将一直是蠢事,但我们已经以自己的身家性命为此担保"①。"我们已经以自己的身家性命"为转喻"正确的结论更可能来自于众人之口"做担保,这个明喻后来在法院有关言论自由和新闻自由的判决意见中反复引用,已经成了法律修辞中使用最多的辞格之一。

1967 年,最高法院宣布纽约市教师效忠誓言违宪,卜睿南大法官宣读了判决书,其中引用了 1963 年他执笔的全国有色人种协进会诉巴腾案中的下述修辞性陈述:"由于第一修正案需要生存的呼吸空间,所以政府只会对变通余地不大的具体领域做出规定","纽约复杂难懂的(宣誓要求)计划明显违反那个准则"②。"呼吸空间"这个不是字面意义、后来被反复引用的拟人辞格,演变为一个"准则",成为引发凯西安案中判决论证前提的组成部分。

在全国有色人种协进会诉巴腾案中,约翰·哈兰大法官持反对意见,在论述中影射了卜睿南的"呼吸空间":"真实情况是,模糊的概念已经被用来赋予'第一修正案规定的各项自由'以'呼吸空间',但同样真实的是,正如同一个评论人已经陈述的那样,'模糊不是外来的说辞手段或司法的解围之神'。③"哈兰大法官参照的

① *United States v. Associated Press*, 52 F. Supp. 362,372(1943):right conclusions are more likely to be gathered out of a multitude of tongues, than through any kind of authoritative selection.
② *Keyishian v. Board of Regents*, 385 U. S. 589, 604 (1967):Because first amendment freedoms need breathing space to survive, government may regulate in the area only with narrow specificity.
③ *NAACP v. Button*, 371 U. S. 415,466(1963).

1960 年的法律评论文章中并没有拟人化的"呼吸空间"，而是使用了另一个比喻，阿姆斯特丹给文章的一节命名为"个人自由的间隙空间"："在此，主要的论点是最高法院几乎始终如一地用不确定的违宪原则在权利法案几项自由的外缘来创设附加保护的绝缘缓冲地带。就那些有可能侵犯第一修正案权利的同类案件而言，这个缓冲地带规则一直在最高法院的判决书中被明确承认，并且被法律评论家认可"。① 虽然作者本人谈论的是"间隙空间"和"缓冲地带原则"，但卜睿南大法官钟爱"呼吸空间"的拟人修辞。"呼吸空间"带有呼吸和窒息，生与死的含义与影响。借助于卜睿南的拟人辞格而不是隐喻式的"缓冲带"，第一修正案的各项自由变得更为重要。

其他比喻同样具有持久的影响力。唐突无理的言语得到宪法的保护，因为没有"被动的听众"②；因为压制言论产生寒蝉效应③，所以言论受到宪法的保护；因为有"延伸的权利"④，美国有了堕胎合法化的隐私权。这些都是比喻式的论证，它们都建立在通过隐喻化语言表达的前提之上。

一个有趣的现象是，法官们对判决中出现的隐喻认识并不统一，经常争论使用它们是否正确。如果某个法官说"政教分离之墙"这个隐喻是"宪法原则"，另一名法官会详细论证那是"误导人的隐喻"⑤。把学校这个思想市场中的学生界定为"被动的受众"的同时却视公立学校为思想市场，也有学生被动参与"思想的自由贸易"的反常现象。如果某个法官说康涅狄格州的电话骚扰

---

① Anthony Amsterdam, *The Void-for-Vagueness Doctrine in the Supreme Court*, University of Pennsylvania Law Review, 109(1960), 75.
② *Cohen v. California*, 403 U. S. 15, 21 – 22(1971).
③ *Roe v. Wade*, 410 U. S. 113, 129(1973).
④ *Roe v. Wade*, 410 U. S. 113, 129(1973).
⑤ *Wallace v. Jaffree*, 472 U. S. 38, 92(1985).

法"对言论自由可能的抑制效应在我们看来就像未成年人",另一个法官认为该法对愤怒的市民有"抑制效应",他们或许想给自己的国会议员打电话,就像"客户打电话给卖方表示对商品或服务交易不满"。[1]

此外,隐喻化的讨论已经蔓延到法律解释的各种层面。宪法自身已经被隐喻化为一台机器,然后拟人化为一份活的、有组织结构的文件。十九世纪,约翰·哈兰大法官在普莱西诉佛格森案的反对意见中宣称"宪法是没有肤色歧视的"之时,宪法的拟人化已经启动了[2]。正如劳伦斯指出的那样,"1888 年,詹姆斯·拉塞尔·洛威尔感觉必须提醒,或许许多人已经逐渐明白宪法是一台自己运转的机器"。后来,在二十世纪初期的几十年,这个隐喻主要被充满活力、生机勃勃的另一个隐喻代替:1908 年伍德罗·威尔逊写道宪法"不是机器而是一个有生命的生物,宪法对达尔文负责,而不是对牛顿负责"。霍姆斯对这种情绪做出回应,说"宪法的规定不是数学公式……,而是有机的、充满活力的社会制度"[3]。在 1989 年黑泽尔伍德案的反对意见中,卜睿南大法官重申了高登博格法官在尚利案中的一段判决意见:"我们的年轻一代开始相信美国的宪法是充满活力的现实,而不是玻璃柜中保存的羊皮纸手稿,这很重要。"[4]按照霍姆斯的观点,宪法不仅是"没有肤色歧视

---

[1] *Gormley v. Director*, *Conn. State Dept. of Prob.*, 632 F. 2d 938, 942 - 944 (1980).

[2] *Plessy v. Ferguson*, 163 U. S. 537, 559 (1869).

[3] Lawrence Tribe, *The Idea of the Constitution: A Metaphor-morphosis*, *Journal of Legal Education* 37 (1987), 170 - 171: the provisions of the Constitution are not mathematical formulas, . . . they are organic living institutions.

[4] *Hazelwood School Dist. V. Kuhlmeier*, 484 U. S. 260, 290 (1988): It is most important that our young become convinced that our Constitution is a living reality, not parchment preserved under glass.

的"和"充满活力的现实",而且是"一个试验,正如所有生活是一场试验"①。

宪法的隐喻化和拟人化伴随着法律、司法判决书自身的拟人化过程,而司法判决有子孙后代,一个判决可以影响到后来的许多判例。1989 年,布兰克曼大法官在韦伯斯特案的反对意见中说:"罗伊案或它的任何后续判决认为因为在评估怀孕时间中本来就缺乏精确,政府通过设法确保没有活体胎儿被错误流产,可以实现它对活体胎儿未来生命的强烈关注。"②德克萨斯高中的部分高年级学生因为在学校附近散发自己撰写和出版的地下报纸被暂停学业。在针对他们的判决中,高登博格法官认为:"甚至普雷西诉佛格森案……有教育意义的后续判决都认为某州管理自己的公立学校制度的方式必须接受司法审查。"③具有里程碑意义的纽约时报诉萨利文案已经有了"后代"④,就像丁克诉德梅因学区案一样。⑤ 另一个里程碑式的判决,布朗诉教育委员会案也有"后代"。这些重大案件好像具有很强大的生育能力。

美国司法制度中的许多判例都证明,长期以来比喻在法律论证和裁决中发挥重要作用,最终像政治、科学、文学和宗教话语中的比喻一样,影响了美国人的法律生活。从目的看,司法话语中的"思想市场"对美国人认知社会比政治话语中的"铁幕"更重要,"政教分离之墙"对美国宗教行为的重要性和圣经中"上帝是我的牧羊人"一样意义重大,"寒蝉效应"和文学中"我们是空心人"一样能影

---

① *Abrams v. U. S.*, 250 U. S. 616,630 (1919): Not only is the Constitution colorblind and a living reality, it is also an experiment, as all life is an experiment.

② *Webster v. Reproductive Health Services*, 109 S. Ct. 3040,3071(1989).

③ *Shanley v. Northeast Ind. Sch, Dist.*, 462 F. 2d 968,969(1972).

④ *Gertz v. Robert Welch, Inc.*, 418 U. S. 323,354(1974).

⑤ *Trachtman v. Anker*, 563 F. 2d 512,517(1977).

响他们的生活。

二

如果隐喻在法院的司法论证过程中有如此重要的作用，为什么一直到 20 世纪 80 年代的修辞学和法学中有关法律隐喻的研究依旧稀少？事实上，这与英美法律人的精英主义思想密不可分。他们认为，隐喻源于普通的经历，在日常对话中可以容忍，但因其不精确的特性在法律判决中误导人，而法律学术分析因其是法律专家倾尽心血守护和实践的、有教育意义的成果而备受珍惜。就此观点而言，隐喻是不明确的，本质上是可以控制的，对人的基本天性有吸引力，而明确的法律论证代表法律精确而可靠的核心内容。著名法学家杰里米·边沁对此持最极端的反应，把拟制视为法律中有害的事物，是法律中的梅毒，在法制的血管中流动，将腐烂的成分输送到每一个角落。[①] 他认为隐喻不是理由，是法律的对立面。

这种影响根深蒂固，既使以充满想象性地使用比喻而出名的卡多佐大法官都警告道："法律中的隐喻要严格注意，因为开始时它们被作为解放思想的工具，但通常最终束缚了思想。"其他最高法院的大法官们和卡多佐一样，一直对法院在判决书中依赖隐喻式的表述持怀疑态度。

斯坦利·理得大法官就坚持"法治不应该来自于修辞"。波特·斯图亚特大法官也意识到了法律依赖隐喻的危险，"我认为最

---

① Jeremy Bentham，*Works*，at 235，V，at 92(1843). Fiction is a "pestilence" in the law, a syphilis, which runs in every vein, and carries into every part of the system the principle of rottenness.

高法院的工作任务从义务的角度看不能受到不加批评地引用'分离之墙'之类的隐喻的帮助，这是一个在宪法中找不到的习语"①。威廉姆·伦奎斯特大法官攻击了"分离之墙"这个隐喻，称它为"杰佛逊误导人的隐喻"，并且认为"无论是否由于缺乏历史依据或实际中不切实际，作为一个正统宪法司法的准则，这"墙"已经证明是无用的"②。

但是，力求精确严谨的法律中经常有许多晦涩、模糊的语言。法律精英以隐喻不精确而拒绝承认法律隐喻的作用，这只是一种过于简单的观点。隐喻有可辨认的结构以及可替换的内容。对每一个可替代的隐喻而言，它可以重新改造、重新利用或选择一个新的隐喻。这种理解近年来受到法律理论家和经验主义者的有力质疑，他们承认法律语言是普通语言的近亲，而语言学家和人类学家认为隐喻是交际过程中的建筑模块，隐喻使人类理解彼此关系中的某种现象，解释某事显著的细节，隐藏了其他一些现象。这样做，隐喻通过将新的事件编造为普通的场景和日常出现的事情，就能调节社会秩序。

此外，英美法官具有解释法律的自由裁量权，而且在那些法无明文规定，或法律虽有规定，但适用该规定会导致不公正判决的疑难案件中，法官不能拒不受理或逃避作出最终的判决。正如卡尔·卢埃林所说："法院必须对受理的纠纷作出判决。它不能因为工作困难、不确定或危险而拒绝。"③查尔斯·布雷特尔也认为，法院必须对提交给它们的案件作出判决，没有任何理由回避。他们对案件没有把握，案件难度大或没有明确的可适用的法律，这些都

---

① *Engel v. Vitale*, 370 U. S. 421,445(1962).

② *Wallace v. Jaffree*, 472 U. S. 38,92(1985).

③ K. N Llewellyn, *The Bramble Bush* (New York, 1960),43.

不是借口。法院的司法判决中没有试错的可能。判决书中，法官有反对意见，对法院判决提出质疑；法官有同意意见，可以对法院的判决理由提出质疑。法院有上诉制度，但没有科学研究那种公开的自我评估和自我纠错的做法。各国法官通常都不回答对判决书和判决的任何问题。他们不愿意公开评论同事们的推理、语言和判决。这可以部分解释为什么缺乏法官判决书语言的文献资料，特别是修辞语言资料的原因。

美国的弗兰克·科芬法官研究过法官自我检查的缺失，认为"在许多地方，最近法官们把大部分关于自己职业的写作工作交给其他人。这样做有许多理由，其一是法官的职业道德规范禁止他记录自己最了解的事情——他最后的或最为人所知的判决中采取的步骤，他或法院通过这些措施来证明判决的合理性并解释理由"[①]。

苏珊·蒂芬德罗姆也研究过判决书中修辞很少的原因，认为"科学和其他语篇的区分对文学和法律语篇的特性描述和区别很重要。在法律语篇中，对指涉的术语有一种制度性的钟爱。相比而言，文学语篇以隐喻和明喻的主导地位为特征。在法学院，早期就教育学生在法律案件摘要的写作中避免使用表现情绪的或隐喻式的语言，法律语言不是理想中认为构成指涉术语的科学语篇。[②]

还有一个现象，虽然法官们一直宣称"法律中的隐喻要严格注意"和"法治不应该来自于修辞"，除了几个例外情形，这些修辞并没有被审查过。司法比喻应受到注意的观点在读了波斯纳法官的下述观点之后更显而易见，"如果能更普遍地体会到文体是司法作

---

① Frank Coffin, *The Ways of a Judge* (Boston，1980)，12 - 13.
② Susan Tiefendrum, *Legal Semiotics*，*5 Cardozo Arts and Entertainment Journal* (1986)，118 - 119.

品的有机组成部分，正如它之于文学而不是科学那样，许多司法判决书和法学作品的文体缺陷就能被改善；在重要的法律领域，尤其是不一致的那些方面，使风格和内容分离不是一个能实现的目标"①。

格里芬·贝尔曾是联邦上诉法院的法官，后来是卡特政府的总检察长，认识到了在撰写司法判决书时文体的重要性："司法作品的文体是法律发展中的一个重要因素。判决书的风格会影响读者解读的方式。它也会决定在其他案件中判决意见被引用的频率，进而决定判决书最终的影响力。"②如果有人考察了法律比喻之后，有一点变得非常清晰，那就是从一个法院的判决意见中被引用来支持后续判决的只有比喻部分。显然后一种观点尤其切题。

三

虽然隐喻已经成为判决书中法律论证依赖的原则、标准和规则，但很少有法官和法律学者认真、系统地研究过法院判决书中比喻的功能和意义，正如波斯纳在《法律和文学》一书中的结论："法律修辞的题材既丰富又研究得很少。"③罗伯特·普伦蒂斯在 1983 年的文章《最高法院的修辞》中确认了没有正确研究司法判决中的修辞这一事实："尽管在最高法院判决的形成中修辞非常重要，但这个主题很少受到学者关注。"④在缺乏司法判决修辞文献的背景下，专门研究隐喻对司法裁决过程影响的学术成果就显得更少。

---

① Robert Prentice, *Supreme Court Rhetoric*, *Arizona law Review* 25(1983),298.

② Griffin Bell, *Style in Judicial Writing*, *Journal of Public Law*15(1966),214.

③ Richard Posner, *Law and Literature*, Mass：Cambridge, 1988；296.

④ Robert Prentice, *Supreme Court Rhetoric*, *Arizona law Review* 25(1983),86.

1980 年代有一种趋势逐渐变得清晰,少数法律学者开始承认"思想的市场""主体资格""明暗交界"此类隐喻不仅是修饰司法判决书的装饰物,甚至个别法律学者开始关注和探究法律话语中隐喻的重要性。例如,在 1986 年 4 月的《集市的有奖竞赛:第一修正案传统的创造性误解》一文中,大卫·科尔考察了法律的"误解",讨论了从霍姆斯的"思想的自由交易"到卜睿南"思想的市场"这种隐喻的演变过程。科尔这样论述市场隐喻:

> (在 1965 年卜睿南提出之后)"思想的市场"成为使用过多的短语。它在司法判决书和法律文章中的意义部分归因于对霍姆斯的明显致谢,但卜睿南的修正至关重要。他使这个隐喻具有了地方色彩,使市场有了地点的意义。思想的市场从霍姆斯的法律天空落下,使"自由交易"扎根于具体的地点和场景……。思想的市场暗示着底层的差异性和多元性,无需依赖抽象的、生成真理的看不见之手的各种理论。[①]

一年之后,布尔·亨利的《明暗交界:法律隐喻的根源》考究了一个不同的隐喻。他在跟踪研究了司法判决制定中隐喻的历史之后,推断并且警告说:"霍姆斯开始使用明暗交界之后,这个隐喻已经模糊不清……。在阴影地带,法官在一定程度上不受法律文本、先例以及理性的影响。但他们绝不会没有责任,包括企图穿透卡多佐称为'隐喻迷雾'的责任。'明暗交界'这样的隐喻有用,而且

---

① David Coleman, *Agon at Agora: Creative Misreadings in the First Amendment Tradition*, *Yale Law Review*(April 1986), 894.

在某些方面甚至无法避免。虽然长期看,它们不会代替理论。"①

1988年,斯蒂文·温特在《主体资格的隐喻和自治问题》一文中研究了主体资格这个法律概念,他写道:"理解以及解决关于主体资格法律障碍的关键在于明白'主体资格'这个术语是隐喻。它的起源无疑来自于法庭的实际惯例:法庭只审理站在法庭上的诉讼参加人的案件。因为当法院商酌当事人的主张时,'站在法庭上'就是一个自然而然的隐喻;它来自于人们的经验"②。温特对主体资格的分析使他推断"'主体资格'这个隐喻是一个谜,它已经成为'按字面意义解释的真相',引导或破坏我们对审判的见解。"它引导我们对审判的见解符合隐喻中体现的两个独立的"真相",把它们作为一个整体考虑。第一个是个人主义的'真相':一个人独自站着、起立、站开、站出来,鹤立鸡群"③。

1989年,斯蒂文·温特在《超凡的胡闹、隐喻式的推理和法律认知的利害关系》一文中再次研究了"市场"隐喻:"我们对第一修正案现在的理解依赖于市场隐喻的使用。这个隐喻把经济学经验源域中某些有关自治和自由贸易的效用和价值的规范性文化假设映射到目标域言论自由中并加以应用。"④

托马斯·罗斯在《隐喻和悖论》的开头写道:"我们使用的隐喻同时混淆和体现了它们所映射的许多法律看似矛盾的本质。如果不作审查,它们恰好使深层的矛盾变得模糊。但我们真正审视它

---

① Burr Henly, *Penumbra: The Roots of a Legal Metaphor*, *Hastings Constitutional law Quarterly* (Autumn 1987), 100.

② Steven Winter, *The Metaphor of Standing and the Problem of Self-Governance*, *Stanford Law Review* (July 1988), 1382.

③ Ibid. , 1387.

④ Steven Winter, *Transcendental Nonsense: Metaphoric Reasoning and the Cognitive Stakes for law*, *University of Pennsylvania Law Review* (April 1989), 1190.

们,我们就面临许多对立的命题,体会到矛盾。"认为法律中的隐喻是"语言的修辞格",这种辞格"破坏和重构我们的社会现实"[1]。

此外,罗伯·蔡追溯了有关美国宪法第一修正案言论自由的法院判决中以火为喻体的隐喻的演变过程,伯纳德·希比茨分析了英美法律著述中从视觉隐喻向听觉隐喻的转变,乔纳森·布莱文和格勒·考亨对法律评论中互联网隐喻发展的研究,克莱·坎沃特对互联网时代的信息高速公路和网络空间隐喻的研究,亚当·阿姆斯对有关战争、运动和性别的隐喻在法律话语,尤其是和诉讼有关的话语中的主导作用以及对妇女从属地位的影响,伊丽莎白·索伯格有关战斗、竞技体育和性对英美抗辩制度的影响,米歇尔·史密斯对法律隐喻类型的研究都很有特点。[2]

四

英美法系的法律人如此频繁地使用隐喻等修辞格,这与普通法的发展历史有关,根本原因在于他们认为法律修辞与法的发展、法律人对法律原则、前提和先例的信赖有密切关系。

人类历史上,人与人之间的冲突并不是一直由法官解决,也无需写下判决书解释和证明判决的正当性,有罪或无罪并不是由公开的判决书中的晦涩难懂的原则和严密的推理来决定的。神明裁判的传统实际上在基督教之前已存在很久,比普通法的历史更悠久。神明裁判求助于上帝来决定被告的有罪或清白,可以有不同

---

[1] Thomas Ross, *Metaphor and Paradox*, *23 Ga. L Review.* 1053(1989),1053,1076.

[2] 杨德祥:《英美法律隐喻研究述评》,《四川大学学报(哲社版)》,2012 年第 2 期,第126—127 页。

的形式，火审和热水审很普遍，把犯人的双手烧伤或烫伤后用绷带扎起来，三天后取掉绷带，如果双手没有愈合，就证明有罪。此外，还有其他神明裁判的方法来决定有罪或无罪，如圣餐审判、十字架审判和棺材判决。

在古代的欧洲，"在斗决审判中，控告者和被控告者以死相斗来决定嫌疑人有罪或无罪。在火审中，被控告人手捧烧红的烙铁，赤足走过烧红的铁铧，或者燃烧的炭火，或者身穿喷洒了蜡的羊毛衣服穿过火苗，这被称为涂蜡衣服的审判，因为如果火烧不伤他，蜡不融化，就认为他是清白的，否则就判有罪"①。

诺曼公爵征服英格兰之前，英格兰的词汇中没有后来法律意义上的法官、律师、警察，即使在十二世纪诺曼公爵统治英格兰之后，也没有用"排除合理疑问"原则能够证明原告和被告任何一方诉讼主张的合理方法。十二世纪，亨利二世在位时，民法和刑法之间没有明确的区别，犯罪是针对个人的违法行为，通过鲜血或金钱进行救济。斗决、誓决和神明裁判方式依然是判决案件的方法。② 事实上，誓决是人格证人现场简单声明被告是可以相信的人，而不是针对被告被指控的非法行为提供证词。在刑事案件中，有罪或无罪通过誓决或神明裁判来决定。

随着欧洲文明的发展，通过火审、热水审和其他占卜性的做法决定有罪或无罪的裁判方式最终被法官做出的判决所取代，同时，法官有责任为自己的判决给出理由，但司法判决书并没有与最早保存司法诉讼程序的案卷一起出现。在十三世纪的英格兰，法院的判决并不提供解释判决理由的判决书。亚瑟·霍格认为王室案

---

① E. J. White, *Legal Antiquities* (St. Louis, 1913), 143.
② 参见 Haig Bosmajian, *Metaphor and Reason in Judicial Opinions*, Illinois: Southern Illinois University Press, 1992, 20。

卷是只供"王室统治而存的卷宗,国王只关心谁欠他的钱和欠多少"。但是,大法官们详尽论述判决理由的判决书在十三世纪被认为没有价值,仅供判决存档。即使在案例汇编和称为判例年鉴的那些不同一般的卷宗出现之后,遵循先例的现代原则也还未能发展,因为案例统一汇编直到十五世纪印刷业出现之后才能广泛传播①。

霍尔兹沃思在他的经典之作《英国法律史》中把年鉴的特点总结为"中世纪的法律汇编"和"中世纪普通法最重要的渊源和法律根据"。除诉状的案卷之外,年鉴是"十四、十五世纪的法官制定的、我们拥有的法律规则的第一手的解释资料"②。虽然年鉴中几乎没有出现判决之后的逻辑推理,但随着这些案卷的出现,先例的概念确立了。霍尔兹沃思引用年鉴证明他的观点"我们从年鉴中发现经过深思熟虑的判决被认为制定了一个将来的一般法则。"

这些法律年鉴的出现对普通法系的发展意义重大,因为普通法系要以遵循先例为基本制度,就需要书面的案卷。在讨论司法判决书的起源时,艾默林·麦克雷法官解释道:"年鉴……证明判决了什么,不是作为双方当事人之间重要的裁判,而是作为其他案件中要考虑的先例。……完整的看法是先例是根据可获得的有关以前法律的所有信息,审理案件的法官们熟悉的,并且通过把已经认可的原则适用于新问题,做出裁决,法官的裁决被保留用于其他案件。这是先例原则的发展过程。这是对法官造法的认可。"③

早期年鉴的作者们不为人知。在法国,最早的法庭诉讼摘要

---

① Arthur Hogue, *Origins of the Common Law* (Bloomington, Ind. , 1966),171.

② W. S. Holdsworth, *A History of English Law* (London, 1909),2:444.

③ Emlin McClain, *The Evolution of the Judicial Opinion*, *The American Law Review* (November- December 1902),809.

是由学徒完成的，这在威廉姆·伯兰德的《年鉴研究手册》中做过深入的论述，"出于个人的目的，这些摘要只是注明了普通法庭发生的事情，使用、吸收和制定的观点、反对的理由、裁决和判决"。十二世纪的英格兰，法语是法律诉讼中使用的语言。波洛克和梅特兰在《英国法律史》中指出："如果我们必须选择一个重大的历史时刻，应该是 1166 年而不是 1066 年，巡回法庭脱颖而出的那一年而不是海斯汀斯战役的那一年。然后，判决发布了，使每个被剥夺了自由保有地产的人可以到讲法语的王室法院寻求救济。此后，法国法律术语的最终胜利就确定无疑了。"①他们给英格兰提供了许多后来成为英国法律语言的法语单词，例如义务，债务，担保，侵害之诉，恐吓，纵火罪，盗窃罪，留置权，让与，地役权，婚姻，法官，陪审员，律师，被告，证据，裁判，刑罚，特赦，执行死刑。

15 世纪，威廉姆·克斯顿把印刷术引进到英国。几年后，威廉姆·莫什里尼尔开始印刷年鉴。早期年鉴的著作权不明，但十六、十七、十八世纪的法律记录人把名字印在自己印刷出售的私人集子上。最初，这些私人印刷的集子很少有年鉴那么详尽，但是，很快许多私人集子变得非常翔实，再现了许多律师的辩论和差不多完整的判决。1865 年，英国成立了法律汇编委员会来发布法院的案例汇编，一直到今天，它们是律师引用法律汇编中记录的案件时应当参照的权威文献。

萨缪尔·艾略特·莫里森曾经指出"法律的发展很可能是美国殖民历史中最不为人了解的部分。在近两百年的殖民地历史中，没有记录司法判决意见，没有发行年鉴，法律和司法历史的印

---

① Frederik Pollock and Frederick Maitland, *History of English Law* (Cambridge, 1905), 1:84.

刷品严重不足,好像是为了防止谨慎的历史学家研究这个殖民地生活的重要方面"①。事实上,直到 18 世纪初,美国殖民地行政和司法部门"或许真是原始的。找不到法律作为一门科学或一个职业的任何记录。法官们把这块待耕的土地留给整个法官行业,当情形需要时,找到足以代替学说汇编和年鉴的理由和常识。出于内心的虔诚,他们把摩西律法作为自己的刑法典,在民事诉讼中,只要自己微弱的信息手段许可,就把英国的普通法作为自己判决的规则"②。

耶鲁法学院的前任院长格兰特·吉尔马坦率地说"在 1800 年之前讨论美国法是毫无意义的"。他解释了判决意见书出版的匮乏和法律体系不足之间的关系:"在法院判决定期出版并且能被法官和律师利用之前,几乎不可能有法律体系。即使在法律执业已经职业化的沿海殖民地,在 18 世纪,没有出版的法律汇编;因此,没有任何能够理性地称为法律体系的内容。③"

1789 年,美国康涅狄格州的伊佛雷姆·科比为商业目的出版了《1785—1788 年 5 月康涅狄格州复审法院和高级法院案例汇编》,使自己在美国法律编年史中有了永久的地位。这是美国个人印刷的第一部内容详细的法律汇编。④ 1790 年,第一批宾夕法尼亚法院判例出版。1793 年,第一批佛蒙特法院判例发行。到 1820 年,"已经积累了相当数量的美国法律资料。美国联邦和州法院的判决正在出版"。纽约和马萨诸塞是最早命令官方出版判决的州。新泽西在 1806 年,南卡罗来纳在 1811 年也采取了这种做法。

---

① Francis Aumann, *The Changing American Legal System* (New York, 1969),3.
② 参见 Haig Bosmajian, 1992,25。
③ Grant Gilmore,*The Ages of American Law* (New Haven, 1977),8 - 9.
④ Francis Aumann,*The Changing American Legal System* (New York, 1969),3.

　　就最高法院而言,第一批美国案例汇编出现于 1790 年,但这些汇编一直到 1874 年才以这个名称为人所知,在此之前,官方汇编是以汇编人的名字命名的,如道格拉斯(1790—1800),克兰奇(1801—1815)等等。最高法院的早期判决汇编追随英国的传统,汇编人从事此项工作是为自己的利润和声誉,因此自付费用。在十九世纪大多数时间,汇编人可以在最高法院出庭执业或在下级法院担任法官。在出版法院判决时,他也可以为自己的法律工作刊登广告。直到塔夫脱任首席大法官时,汇编人依旧从事这种准私人性质的商业行为,通过与出版商就合同谈判和向公众出售《美国汇编》(包括最高法院的终审判决书)补充自己的薪水。直到 1922年,这种情况才发生变化,美国国会制定了一个方案:汇编人的薪资由大法官确定,政府支付,政府出版署出版《美国判例汇编》。

　　在美国,出版司法判决汇编的动机之一就是为未来的案件提供可供参考的理由。1828 年,一位汇编作者就阐述了这样的理由[1]:

　　　　就它(法律汇编)对我们个人权利的重要性而言,我们不可能形成过高的估计。当他们知道自己的意见会受到同一时代人,或者是未来一代人中最有才华的人严格检查时,当他们考虑到那些意见将来或许成为未来裁定的理由,或因不确定和错误而被推翻时,最重要的是,当因为担心详细撰写意见书出错,就如这个国家人们几乎普遍担心的那样,并且自己准备出版这些判决书时,无论

---

[1] Elijah Pained, *Necessity of Common Law*, *North American Review* (July 1928), 179 - 180.

有无利害关系，这些都可能涌上法官心头，诱导他们勤奋、精确、无私，通过每一个可能的动机，保障司法系统忠实保障法律正义……。让我们的法律判决尽可能全面地呈现于公众眼前吧，因为任何东西都无法像判决一样更不出差错地忠实保障正义。

五

为什么需要判决书？

二十世纪，法官、律师和其他有关人士提出了大量关于司法判决书的目的和必要性的观点。哲罗姆·弗兰克说[①]：

> "通常，法官判决案件时，同时发表一篇被称为判决书的论文，解释他适用原有的法则或创造新规则来证明判决的合理性。但无论他说什么，确定当事人法律地位的是他的判决。如果布里连特法官判决伊万圣先生必须给联邦法院五万美元的到期未付税款或贡娜丽夫人根据其父李尔先生的遗嘱无权继承任何财产，法官们书面上热情洋溢的内容对伊万圣先生或贡娜丽夫人而言不会产生些许实际的差异。有意见或无意见，创设新的法律意见或宣告原有法律的意见，对法官判定的当事人的观点而言都是一回事。"

---

① Jerome Frank, *Law and the Modern Mind* (Gloucester, Mass., 1970), 136.

有些学者强调司法判决书的功能是说服法官的听众相信法官的判决是正确的。斯蒂文森说法官审查了各个事实,研究了各种法律依据并且做出了判决后,必须继续决定"他应当向读者提供什么信息说服他们相信自己判决结果的正确性这个问题。"正如斯蒂文森的理解,"书面判决书的目的毕竟不是让法官做出结论。他已经那样做了。相反,判决书的目的是使法官保护自己的结论和理由,这些理由使需要了解判决书的听众遵守判决……。书面的判决书不是许多法官为自己使用而写下的摘要,相反,它是指向外部特定听众的说服性文章。因此,作者的任务是挑选实现自己修辞目的所需的信息"①。

马克·富兰克林提出了发布判决书的三个目的,他说这些目的是"利用合理程序得出判决的证据。它们满足了公众让正义得以伸张的愿望。它们使败诉方虽感失落但觉得自己在法庭上出尽风头。判决书成为判例法发展的一部分,指导未来的法官"②。

卡拉曼德瑞说理由充分的判决书在一定程度上"说服败诉方相信不利的判决是逻辑过程不可避免的结论,不是压迫和任意地即兴创作的结果。甚至败诉方的律师都可在理由充分的判决书中发现以前没有注意到的观点,使自己相信曾经所持立场的错误"。此外,司法判决书"有更严格的司法用途,使当事人决定在法官据以做出判决的推理中是否存在此类瑕疵,这些缺陷使判决在上诉中可能被复审"③。

正如卡拉曼德瑞的理解,司法判决书还有另一层意义:"判决

---

① D. W. Stevenson, *Writing Effective Opinions*, *Judicature* (October 1975),135.

② Marc Franklin, *The Dynamics of American Law* (Minepola, N. Y. , 1968),266.

③ Piero Calamandrei, *Procedure and Democracy*, trans. John C. Adams and Helen Adams (New York, 1956),21－22

书不是使法官能够公正判决的预先学习，它通常是法官深思熟虑地评价相信自己已经公正判决而做出的表达。它的目的是通过逻辑确立实际以感情为基础的判决的效力；正义感的实现、判决原理手稿的证明使法官获得和当事人一样的内心平静，证实了源自直觉真理的发现。[1]"

虽然斯蒂文森的观点判决书的目的不是"让法官得出结论"在某种情形中是准确的，但其他法官和学者认为判决书充当了做出判决的一个步骤。美国第一巡回上诉法院的弗兰克·考芬法官在《法官之路》中强调了通过考虑解决问题和判决书写作之间的关系，"发现准确性和逻辑中分歧的非常有效的方法是减少对某人思考过程结果的描写……。由于某种未知的原因，在头脑中反复思考或开会时讨论的判决书将仅仅没有作用或判决书仅仅没有写出，而且写作行为告诉我们思考行为错在哪儿"[2]。

类似地，罗伯特·李福拉说明了判决书写作过程和法官做出的最终判决之间的关系，"司法判决书的一个功能是制作正式判决书的必要性保证了对案件事实和事实对法律的影响进行缜密审查的某些措施，这一点得到了与审判过程无关的学生和判决书撰写人的承认。于是，迅速判决和因为懒惰而喜欢脱离实际地做理论推测而不是到图书馆做研究和花大量时间进行理智的思考，这种可能被最小化"。李福拉指出了判决书的其他功能，最迫切的是"向当事人和他们的律师解释案件是什么样的"。判决书"是上诉法官和法院与社会的重要交流方式，几乎是唯一的交流方式。判决书是他们对执业律师，初审法官，法律教师，非法律人士的自我

① Piero Calamandrei, *Procedure and Democracy*, trans. John C. Adams and Helen Adams (New York, 1956). ,59
② Frank Coffin, *The Ways of a Judge* (Boston, 1980),57

解释。判决书是审判交流的主要工具"①。

加利福尼亚最高法院的罗格·特雷纳大法官结合自己的个人审判阅历，讨论了判决书写作的重要意义："整整十六年，我没有发现一个比书面表达更好的案件解决方法标准。这被认为是最困难的。法官必然关注当前案件解决办法成为先例的深远影响，经常发现自己推测性的意见在书面表达中无法具体化。他反复斟酌这个难题，力求展示一份见解正确，足以历久弥新的判决书"②。

有一部分人认为司法判决书是为保护法官而存在。1902年，艾默林·麦克雷法官在全美律师协会演讲时断言："判决案件的法官希望证明自己做出的判决结果是正确的，这样他就不会被控不称职或心存偏袒，这一点值得称颂。但是，如果做出任何此种解释不是一种习惯，那么审判的实施有没有这种解释都是能奏效的。"③十六年后，格伦顿·舒伯特写到："有一点似乎很明显，判决书写作程序的全部意义是提供可接受的逻辑依据，这将使法官们免受因判决而产生的个人攻击—甚至个人责任。"④

判决书的另一个功能是对普通法系发展和延续的贡献。1963年，纽约大学的法学教授约翰·雷德说过："普通法制度的核心是书面的司法判决书。它既是律师的工作工具，也是法官的建筑材料。在立法时代来临和行政机构地位提高之前，它履

① Robert Leflar, *Some Observations Concerning Judicial Opinion*, *Columbia Law Review* 61(1961),810-813.
② Roger Traynor, *Some Questions on the Work of State Appellate Courts*, *University of Chicago Law Review* (Winter 1957),218.
③ Emlin McClain, *The Evolution of the Judicial Opinion*, *The American Law Review* (November- December 1902),820.
④ Glendon Schuber, *The Judicial Mind* (Evanston, Ill., 1965),14.

行着美国人对法律提出的多数职责。它是社会连续发展的计量单位和社会变革的晴雨表。司法判决书在许多方面为人们提供帮助。它是社会学家的试管，法学家的计算尺，小说家的矿脉。"①连续性的主题也受到李福拉的注意："发展是法律的功能之一，发展使法律能够满足社会变革中的新要求，而不是限制和扼杀这些要求，而且普通法系法官的判决书必须带来这种发展。维护社会现在与过去的历史和传统的连续性也是法的一部分职能，在我们的法律制度中主要承担保持这种连续性职责的就是上述判决书的撰写人。②"

六

司法判决书的发布必须有受众。纽约最高法院上诉庭的詹姆斯·霍普金斯大法官在其《司法判决书文体说明》一文中就主张"法官为受众撰写判决书"和"作为审判表达形式的判决书是说服性的论说文。判决书的价值通过它劝说受众接受判决的能力来衡量"③。阿肯色最高法院的乔治·罗斯·史密斯法官认为"判决书为谁而写？当事人，案件的律师，律师界，初审法院，公众，新闻报纸，后代子孙？"，"任何不容变更的答案都是不可能的……。他（法官）认识到，不是一直有意识地，有时自己言论的冲击力正中某个具体的目标是极其重要的，这或许是刚刚提到的一个或几个目标。

---

① John Reid, *Doe Did not Sit — The Creation of Opinion by an Art*, *Columbia Law Review*(January 1963),59 - 60.
② Leflar,811.
③ James Hopkins,*Notes on Style in Judicial Opinions*, *Trial Judges Journal*(1969), 49.

有说服力的诀窍在于明白必须让谁相信"[1]。

史密斯法官发现有时判决书的执笔法官不得不认真考虑把同行作为受众："如果判决会议始终在判决书的准备之前，法官写判决书主要为说服自己的同僚。这种情况发生在当他发自内心地相信自己的立场是正确的，但多数法官摇摆不定。这时，如果判决书要存在，说服力必须促生判决书。"[2]

在问到"为什么是判决书？"时，史密斯法官回答："使法院的判决接受公众的审查，钉到墙上让所有人看，这高于一切。其他任何方式都不能搞明白法律是否需要修改，法院是否在履行职责，某个法官是否合格。第二个理由，特瑞纳已做了充分阐述，判决等于必须写作判决书的训练，没有这样的标准。没有书面判决书，审判错误将扩散超出人的认识和可知范围。"[3]

托马斯·马维尔的调查包括了 46 名法官，在《上诉法院和律师》中记述到[4]：

> 有人问法官在撰写判决书时他们想给谁留下深刻印象。一半的法官说除了自己他们不介意引人注目——或者至少没有意识到关心他人的感受。因此，法官们看待自己是非常固执的，不可能因为他们相信的那些法官们会使其他人注目而放弃自己的理由。但是，这不意味着他们只为自己而写下判决意见，因为他们思想中有非

---

[1] George Rose Smith, *A Primer of Opinion Writing for Four New Judges*, *Arkansas Law Review* (Summer 1967),201.

[2] Ibid.

[3] Ibid，200 - 201.

[4] Thomas Marvell, *Appellate Courts and Lawyers* (Westport, Conn. , 1978),110.

常明确的听众,这些听众因案件不同而不同。他们希望给败诉方这样一种印象,法院已经考虑了他们的观点,希望他们"感受到他们的钱花得值了",像一个法官说的那样。同样地,当推翻下级法院法官的判决时,他们希望证明他的立场已经被考虑过了。在造法层面,他们竭力制定对律师和法官必须适用而又有用的判决书和先例。

除了考虑败诉方和其他法官,马维尔还指出判决书的作者看重公众的反应,特别是新闻界的反应。这些"在揣摩判决书的措辞时(不是做出判决)被记在心里;法官会舍弃可能招致攻击的语言,或非常小心地解释法律原则,这样新闻界就不会误解。"他发现"迄今为止,最重要的受众是判决书作者的同僚;他会修改自己的意见来得到他们的支持或只是取悦他们"[1]。

七

无论法官为谁而写判决书,"判决书是审判交流的主要工具。"法官们没有立法者可以利用的随手可得的交流方式:"立法机关制定的法律在一定程度上通过立法之前的立法辩论和报道向人民进行了解释。他们一般是针对选民和立法者的同行的。更多的解释会在后来的第二次活动中出现。对法官制定的法律而言,唯一类似的解释就是司法判决书。"

从借助运气、神灵介入和神明裁判对争议和控告进行判决的

---

① Thomas Marvell, *Appellate Courts and Lawyers* (*Westport*, *Conn.*, 1978), 111.

古代实践转向讨论法官只判决而不提供判决理由（或最少量的理由），再到讨论心中铭记读者、意图说服他们相信判决的合理性而提交判决书的法官，他们对语言和文体的选择最终会决定判决书和判决是否被认为是有说服力的、可接受的。实际上，语言和文体最终决定判决书中阐释的原则和法律是否后来被其他法院引用。

倚重先例的司法制度本质上需要引用过去的判决意见，这样就造成了重复使用以修辞语言表达的、已经成为法院判决基础的法律概念。判决书的语言和文体成为最后宣布判决的司法程序的有机组成部分。就司法判决书的语言和文体的重要作用，内容和文体的关系，李福拉写到："有些法官认为书面的文体与判决书的好坏几乎没有或根本没有关系，文体只是'装饰'，判决书的功能完全由其实质内容来实现。这种观点完全没有意义。一方面，每个法官有一种写作风格，无论他是否意识到这一点，不管这种风格是什么，它决定判决书的实质内容如何有效表达；事实上，它决定是否实际存在一个有用的实质内容，以及这个内容是什么。"

关于法院判决书的功能和发展，卡拉曼德瑞认为，虽然隐喻已经成为判决书中法律论证依赖的原则、标准和规则，但很少有法官和法律学者认真、系统地研究过法院判决书中比喻的功能和意义，正如波斯纳在《法律和文学》一书中的结论："法律修辞的题材既丰富又研究得很少。"[1]罗伯特·普伦蒂斯在 1983 年的文章《最高法院的修辞》中确认了没有正确研究司法判决中的修辞这一事实："尽管在最高法院判决的形成中修辞非常重要，但这个主题很少受到学者关注。"[2]在缺乏司法判决修辞文献的背景下，专门研究隐

---

① Richard Posner, *Law and Literature*, Mass：Cambridge，1988：296.

② Robert Prentice, *Supreme Court Rhetoric*, *Arizona law Review* 25(1983)，86.

喻对司法裁决过程影响的学术成果就显得很少。

　　司法判决书的主要功能是解释性功能，或者也可以说，是教育性功能。法官不能高高在上因为他愿意而发布判决，他必须努力用判决的正当性给当事人留下印象，并且判决尽可能有说服力。自从大法官屈尊成为普通人和法官是人不是超自然的、不会出错的、令人崇拜的圣贤这种看法有了根据之后，人们感到需要对法官语言的有效性做出合理解释。

　　判决书中解释的合理性最终会取决于用来传递各种论据成立的原则和前提的比喻"合理性"。要分析和理解判决的合理性，法官必须认真审查判决书中比喻的运用，明白比喻不仅仅是装饰性的华丽辞藻。

　　许多法官同意承认司法判决书说服力中"文体"的重要意义，讨论过内容和风格之间的联系。葛瑞福法官坚持认为"判决书的风格会影响读者解释它的方式"，主张"必须把文风视为法院的主要工具之一，而且这一点值得详细关注和不断强调。"贝尔提醒"文体"这个词"源自拉丁语的'Stylus'，是古代的一种书写工具。一头用来在蜡中写字，另一头抹平蜡来擦除字迹。因此，就有了一个实用的类推，文风与写作和修改有关，就是起草和修改。"

　　卡多佐大法官重视判决书中文体的重要性，主张"判决书需要说服力，或使人获得真诚和火的深刻印象，或是头韵和对偶的记忆能力，或是谚语和格言的简洁和独特。忽视这些类似说服手段的帮助，判决书不会有赢得信任的一天。"

　　法官实际可使用的文风对精心撰写的判决书非常重要，卡多佐的这个立场受到理查德·维斯贝格的响应。后者在1979年的《法律、文学和卡多佐的司法诗学》一文中写到：

判决书的文风，甚至是在判决书上签名但没有实际
执笔的法官的意见不可避免地促成，而且经常制约上诉
法院判决书现在和将来的意义。卡多佐判决的案件清楚
地表明，特别是就他意识到了法律中文体的基本作用而
言，文体的有效使用经常和逻辑一样，成功地构成上诉时
的辩护和裁判……卡多佐意识到判决书的形式有效地促
进了它的正确性。这样体验到的文体是评估判决正确性
内容的要素，不是辅助性的或只是装饰性的要素。

事实上，语言在很大程度上决定了人们如何理解现实世界，而
比喻尤其影响每个人的感知力和如何理解"真理"。莫瑞·埃德曼
在《作为符号行为的政治学》中写道："思想是隐喻的，而且隐喻弥
漫于语言之中。一个人通过对熟悉事物的同一性的认知来理解未
知的、新的、不清楚的和遥远的事物。因此，隐喻界定人们对认知
做出反应的方式。"莱科夫和约翰逊非常重视比喻，特别是隐喻，在
影响人们对事件、人物、概念、真相和现实的感知时的作用，"在我
们生活的所有方面，不仅是政治和爱情中，我们利用隐喻解释现
状，然后以隐喻继续行动。我们做出推论，确定目标，设定义务，执
行计划，所有这些全都按照我们在一定程度上有意识和无意识地
组织经验。"正如夏洛特·琳达所言："无论在国家政治或是日常行
为中，执政的大人物会动手提出自己的隐喻。"[1]

因此，法院借助于判决书讲话时，他们作为法律上"掌权的人"
和"主人"说话，这样他们有权以直接或间接的方式界定和推行自

---

[1] George Lakoff & Mark Johnson, *Metaphors We Live By*, Chicago：University of
Chicago Press，1980：157.

己的比喻。通过对先例的使用，重复使用的法律比喻逐渐有了影响力。书面和公开出版的判决书在适用先例的同时，重复利用比喻的论点，进一步制度化了用修辞手段表述的原则、规则，标准和前提。这种对比喻的依赖逐渐把反复出现的比喻嵌入到法律视域中，形成了法律解释的路径依赖。霍姆斯（他本人贡献了许多此类习语）评论说，这些修辞性的短语产生了许多包含在其中的思想，于是在很长一段时间内不再进行深入地分析。

　　面对风格和内容的联系，法院对非字面语言的广泛使用，詹姆斯·布瑞德勒·赛耶的忠告就很有洞见："法律不像人类研究的所有其他学科，思想的空洞在理解中对我们帮助不多。如果精确使用普通法律用法中的术语，很好理解；如果使用不精确，了解这点是理所当然的，而且注意如何使用他们。"

第二章

法律隐喻的基本类型

　　法律职业人士不是修辞学家或者语言学家,但隐喻在法律话语中的根本任务是构建法律概念,解释法律现象,帮助解决法律问题,促进法律发展。[①] 在此意义上,隐喻的表现形式也不仅仅是一个词,可以是词组、句子、甚至是篇章。另一方面,词典中找不到隐喻。作为一种语言使用现象,单个词语不可能成为隐喻,隐喻只有在具体的语境中才有意义。就法律隐喻的使用而言,英美法律制度中具有重要意义的隐喻都不会出现在普通语言学者的著述中,而是弥漫于法律人数量庞大的论著、司法判例和规范性法律文件中。他们对隐喻范畴的理解比较开放,除严格意义上的隐喻外,还包括明喻、提喻、转喻、拟制、拟人等修辞格,因为它们在本质上都是用某一事物来说明另一个事物。这为研究法律隐喻增添了很大的难度,因其如此,也更能显示其研究意义之所在。

[①] 杨德祥:《英美法律解释中隐喻的说服功能研究》.北京:经济科学出版社,2020 年版,第 11 页。

一

从辞源上讲,法律隐喻的适用与司法文书写作有密切联系。格里芬·贝尔认为"文体(style)"这个词"源自拉丁语的'Stylus',是古代的一种书写工具,一头用来在蜡中写字,另一头抹平蜡来擦除字迹。因此,人们就有了一个实用的类推,文风与写作和修改有关,就是起草和修改"。[①] 他认识到了司法判决书文体的重要性:"司法作品的文体是法律发展中的一个重要因素。判决书的风格会影响读者解读的方式,也会决定在其他案件中判决意见被引用的频率,并且最终决定判决书的影响力",主张"必须把文风视为法院的主要工具之一,而且这一点值得详细关注和不断强调"[②]。

许多法官同意并承认司法判决书中"文体"具有说服力的重要意义,讨论过内容和文体之间的联系。卡多佐大法官重视判决书中文体的重要性,主张:"判决书需要说服力,或使人获得真诚和火的深刻印象,或是头韵和对偶的记忆能力,或是谚语和格言的简洁和独特。忽视这些说服手段的帮助,判决书不会有赢得信任的一天"[③]。

英美的审判实践证明,判决书的文体不可避免地决定,而且经常制约了上诉法院判决书在现在和将来具有的意义。卡多佐意识到了法律文体的基本作用,他判决的案件清楚地证明了有效地使用文体经常和逻辑一样,能成功地组织上诉时的辩护和裁判。他

---

① Griffin Bell, *Style in Judicial Writing*, Journal of Public Law 15(1966),214.

② Ibid.

③ Benjamin Cardozo, *Law and Literature*, New York: Harcourt, Brace and Company, 1931:9.

也意识到判决书的形式有效地保证它的正确性，这样的法律文本文体形式是评估判决内容正确性的要素，不是辅助性的或只是装饰性的要素。①

认知理论的支持者坚持认为隐喻对人们理解和体验世界的方式至关重要。乔治·莱科夫和马克·约翰逊说过，"人们的概念系统本质上是隐喻的"②。从本质上而言，人类的思想方式依赖于隐喻，人类的认知在很大程度上取决于认识、理解和使用隐喻的能力。隐喻式推理不只是一种语言的手段，而且是最高层级的形而上学原则。③ 另一方面，人类感知和理解世界的方式受概念系统的驱动，概念系统是现实的范畴。隐喻式推理似乎是人类推理的重要方面，人们如何分析和使用概念和隐喻式推理的能力似乎是与生俱来的。本质上，没有对其他范畴的参照，人们无法理解世界上发生的事物。这个参照域使人们面对各种现象时，用一种使自己富有成效的思考的方式理解那些现象。④ 因此，隐喻不仅是说明论点的一种便捷和巧妙的文体方法，而且事实上它们构成了人们如何理解这些论点的方式。很多情况下，法律专业人士需要用语言的非字面意义来有效并且有说服力地表达和解释哲学或法学的抽象理论，法律隐喻使深奥晦涩的这类理论变得具体，容易使人理解。这已超出文体所能实现的功能，上升为一种隐喻思维方式。

① Richard Weisberg, *Law, Literature and Cardozo's Judicial Poetics*, Cardozo Law Review (Spring 1979), 309 – 310.
② George Lakoff & Mark Johnson, *Metaphors We Live By*, Chicago: University of Chicago Press, 1980:4.
③ Jacques Derrida, *White Mythology: Metaphor in the Text of Philosophy*, in Alan Bass trans., Margins of Philosophy, 1982:212.
④ David T. Ritchie, *Who Is on The Outside Looking in, And What Do They See?*: Metaphors of Exclusion in Legal Education, 58 Mercer L. Rev. 991,2007:999.

二

从英美法系的历史来看,传统的法律隐喻研究不仅只讨论严格意义上的隐喻,而且也涉及拟制、转喻、拟人等修辞手段。例如,通过拟人的手段,无生命的法律有了人的特点,使人们更容易理解和认识;借助转喻,因为预设的关系,人们把一个词或短语替换为另一个,创造了新的法律观点。本章将对这三种法律隐喻的具体形式作简要介绍,后文统一以隐喻称呼,不再区分。

1. 拟制

隆·富勒认为拟制是常用表达真相的隐喻方式。[①] 拟制是对人们知道的不真实现象的陈述,是一种虚构,一种把并不存在的某事物描写为另一个现实事物的修辞手法。因此,拟制和隐喻有共同的类似假象,要求读者把实际上不真实的事物看作真实的存在之物。理论上,法律不应该牵涉假象,而应解决"现实的"事实。但是,令人吃惊的是,法律也是虚构之物,要求人们假设虚幻的原则和学理是真实的,并且许多这种虚构的原则和理论都以隐喻为根据。换言之,法学家和律师思考这些假设的原则和学理,用来自现实领域的词汇讨论这些假设,创设了许多极其重要的法律概念和原则。

美国法中经由拟制产生的法律原则很多。1873 年,发生在内布拉斯加州的苏城和宾夕法尼亚铁路公司诉斯托特案中[②],三个

---

① Lon Fuller, *Legal Fictions*, Stanford, California: Stanford University Press, 1967: 10.

② *Sioux City & Pennsulvania Railroad Co. V. Stout*, 84 US 657(1873).

男孩沿着铁路线玩，进入了一个铁路工场，发现了一个机车转盘，一个旋转平台，下面有轨道，用来使机车转向，周围也没有铁路公司的人来把他们赶走。转盘看上去很诱人，一个男孩建议上去玩一下。他们高兴地发现转盘既没有用螺栓固定也没有上锁。其中两人开始转动它。最小的孩子大约只有 6 岁，试图爬上时，脚被夹在了转盘和轨道之间，造成了永久性的重伤。

法院面临以下难题：从法律技术角度看，儿童是非法侵入者，未经所有人许可进入了私有领地。传统上，所有人对非法闯入者的唯一责任是一旦他发现了非法闯入者，不得故意造成伤害，但他无需考虑非法闯入者的利益和安全。

但是，法院并不愿意如此无情地对待受伤的儿童。它一方面把这种有限责任与提供给受邀请者的较高注意标准做比较。例如，如果你邀请客人到家里，有义务保证客人在家中时不会遭遇危险情况而造成伤害，例如湿滑的步行道或者破损的台阶。另一方面，法院无意于蓄意不顾非法侵入的传统法律原则，因此，需要找到这些孩子"应邀"进入的某种方法。最终想出的原则被称为"诱惑性的不法侵害"。按照这个理论，如果伤害是由于儿童可能闯入的场地上的某些情形或物体造成的，并且所有人没有采取合理措施防止孩子受到伤害，所有人要对儿童承担责任。该原则依据的法律拟制是"诱惑"或"引诱"。转盘、游泳池、露天水井或矿道，或其他任何吸引儿童的同样危险的情形都成为诱惑儿童面临危险的邀请，所有人对儿童负有对受邀人同样的责任和义务。法院在其中一个有说服力的案件中说明了这种观点："明确的邀请对成年人是什么，诱人的玩具对不谙世事的儿童就是什么。①"

---

① *Keff v. Milwaukee & St. Paul Railroad Co.*, 21 Minn. 207(1875).

　　"诱惑性的不法侵害"这个拟制依据的是"引诱"或"怂恿"的概念。换言之，某些危险状态对儿童有诱惑性，引诱他或她走进某个场地。并且，这个拟制因另一个完全不同的关于"代理"的拟制而得到进一步巩固。因为"引诱的妨害"位于并属于某个场地，有理由认为是非人的"手段"做出了邀请。

　　这个拟制的两个词语"引诱"和"邀请"当然不是严格的法律术语，它们是普通词语，意思几乎不同于法律中的含义。《韦伯斯特新通用词典》中"attractive"的解释是："有吸引力的，引起兴趣的，诱人的。"动词 invite 的第一个解释是："请求某人到某地"，但是列举了一个其他意义："引诱，吸引，诱惑"。《牛津美国同义词典》有这些词的同义词：（1）attractive：有吸引力的，诱人的和引起兴趣的；（2）inviting：有吸引力的，引诱的，诱惑的，诱人的；（3）entice：诱惑，引诱，吸引；（4）allure：引诱，吸引。这四个词之间有无法分开的联系。不仅在法律中，而且在日常用语中，"有吸引力的"东西具有"引诱的"语言意义。

　　这个原则中体现法律原则本质的概念隐喻是：引诱的妨害是邀请人。虽然单个的词语，"有吸引力的"，"妨害"，"邀请（人）"是普通意义，但"有吸引力的妨害"是法律术语。《布莱克法律词典》解释引诱的妨害是"对儿童有危险的一种情形、工具、机器或其他物品，儿童因为无行为能力不理解它们的危险，有理由相信他们会被吸引到某些场所。""有吸引力的危险物品"对法律而言是一个奇特的概念隐喻。

　　法律拟制的目的是什么？正如隆·富勒所言："隐喻经常是表示事实的方式。"皮埃尔·欧利维尔在讨论法律拟制时持这个观点：

> 法律和几乎所有科学中使用拟制的重要原因是它们
> 促进思维过程……。拟制的基础是两种客体或情形之间
> 的类比或相似性，使我们把二者等同，同样对待，……但
> 同时提醒我们类比在各个方面不是真实的。[①]

法律拟制确实是不真实的陈述。就像可以证明不实的陈述有真实的外观一样，富勒描绘了一个法官面临的一个异想天开的困境，他遇到了"保护儿童免受危险物品伤害原则"。真实情况是，镇上工业区的一名儿童在无人看守的铁路场转车盘玩耍时受到严重伤害，原告儿童对被告铁路公司提出诉讼。法律争议的问题是：铁路公司对伤害有责任吗？在努力找到答案时，富勒想象了法官可能想到的各种解决办法。他知道当时的法律规定所有人对受邀人负有注意义务，但不是"非法闯入者"。但在内心深处，法官认为这个不幸的孩子应被作为受邀者，而不是通常的闯入者。法官不愿意把判决建立在个人感情的基础之上，毕竟孩子实际闯入了。或许法官认为闯入规则不适用于孩子。这种裁决会引发下一个问题：哪一类孩子可以被免除责任，与他们的年龄还是孩子闯入工场时是否意识到了危险有关？或者，或许所有人应当对任何闯入自己土地的人所遭受的伤害都承担责任？但是法官认识到这种建议过于宽泛，本质上将完全忽略非法闯入的法律。最后，他可能判决原告胜诉，没有具体的理由，但是对这种前景非常不满意，就像这不会让寻求判决理由的那些人满意一样。

法官面临一个进退两难的处境，找不到真正切实可行的解决办

[①] Pierre J. Oliver, *Legal Fictions in Practice and Legal Science*, Rotterdam：Rotterdam University Press，1975：91.

法，感到不得不回到最初的想法，把儿童作为受邀人看待，而不是普通的侵入者。法官当庭宣布被告铁路公司必须被"认为曾经邀请"儿童进入工场。可以设想，法官的这个大胆主张"使案件归属到现有的原则之内，结束了不厌其烦地阐述新原则的尝试"。由于它的实用性，法律采取了拟制的表现方式。虽然这种声明是虚假的，但是陈述了一个真相：儿童的法律地位更像一个受邀人而不是侵入者，陈述"真相"的唯一方式是用隐喻，通过主张所有人或其代理人必须被"认为曾经邀请"儿童进入工场。一旦被"邀请"，那么所有人必须对儿童承担对其他任何客人将负有的同样的注意义务。这个设想提供了构成"保护儿童免受危险物品伤害原则"的思想，虽然有点空想色彩，按照富勒的观点，"很可能是现代法律中最勇敢的拟制"。

在法律的其他领域，人们发现了所有人之外的某人或某物引诱的拟制。在商业领域，企业的客户被认为是受邀人，他们应所有人的请求或"受到诱惑"进入企业的地方，作为商人的所有者用来"引诱"客户的方法可以包括小贩在人行道上的叫卖声，报纸上的广告或者"诱人的"橱窗展示。无论借助人或者物，意图都是"邀请"公众入内。

从这个意义上，不难理解法律拟制不是谎言，这一点对法律人很重要。尽管它是虚构的，但其意图不是欺骗或愚弄任何人。没有人相信诱人的侵入确实扩展了造访某人财产的邀请。因此，法律拟制的目的是什么？它是旧规则适用于新用途的方法，是理解法律产生变化，同时维护旧规则权威的方式。拟制是"法律语言成长中的阵痛"。[①]法律拟制的优点是维护法律的完整性，无需制

---

① Lon Fuller, *Legal Fictions*, Stanford, California: Stanford University Press, 1967: 22.

定例外规则或更多的规则。由于拟制的存在,因为诱人的妨害引诱儿童进入工场,他们被自动排除在闯入者之外。因此,所有人现在对这些孩子负有他对任何客人必须尽到的同样的注意义务。

这个原则延伸到了其他法律领域。在代理法中,委托人对代理人的行为承担责任,例如雇主和雇员之间的关系。代理法依据拉丁格言"代理人的行为由委托人负责",委托人通过他人做出的行为即为自己的行为。责任转移的观念无疑是以法律虚构的方式开始的。类似地,责任转移原则依据的观念是本人应被"视为过失地"雇用了粗心大意的员工。这种观念后来发展为公司作为法人只能通过代理人做出行为,由于几乎不可能区别公司法人和自己的员工,代理人的行为即为公司的行为。

法人是法律制度中通过拟制建立的另一个重要概念,基本的法律关系产生于人与人之间的关系,自然人是解释和衡量各种法人的晴雨表。法人是人的理论把法人作为独立的组织对待,就像类比为自然人。法律允许法人从事某些自然人的某些活动,它们可以签订合同、买卖土地、实施侵权行为、起诉和应诉,但没有其他的权利和责任,如法人不得担任公职、在选举中投票或者坐牢。尽管法人和血肉之躯的人之间有明显的不同,但是有充分的相似点使法律把法人作为自然人对待。法律中使用的"自然人"这个词通常被理解为包括公司,只要这种解释符合法律的一般宗旨和意图。法人获得自然人的法律地位是法律中一个最为持久的制度,一个普遍接受的法律拟制。

2. 拟人

十九世纪的英国修辞学家理查德·维特利在《修辞学原理》中

讨论"隐喻的拟人化"时,写道:

> 隐喻中,通过能感知的物体说明与智力有关的事物,通常最有助于创造我们正在谈论的文体的活力和活泼,是最早熟悉思想的途径,并且通常使思想留下最深刻的印象。因此,我们提到'难以控制的愤怒','根深蒂固的偏见',……但是,最高程度的活力(亚里士多德首先限制这个术语)是由把生命和行为归属于无生命的物体的隐喻产生的。①

拟人是法律中使用非常有效的比喻。布朗森说拟人"打开了范围最广的概念视野,同时把它们与紧密熟悉的临近概念并置。它使陌生的东西变为习惯的事物,无生命的事物充满生机。就人类表达范围内的每一个方面而言,莎士比亚是最伟大的、最不知疲倦的大师,他作品的每一页都随时证明:'放荡牵着司法的鼻子走','时间……背负着一只湮没了善举的旅行袋'"②。

法律拟人的典型莫过于正义女神。正义女神是一位蒙着双眼的女性,一手拿天平,一手持剑。前者传递公平的判断,后者指权力和保护。弗兰克福特的拟人在两个方面赋予正义生命。首先,正义有了头脑;其次,正义蒙着双眼。萨缪尔·巴特勒说:"正义女神,虽被画成瞎眼,但总是倾向弱者。"斯温伯恩说:"她以慈悲的名

---

① Richard Whately, *Elements of Rhetoric*, Carbondale: Southern Illinois University Press, 1963:275.
② Bertrand Bronson, *Personification Reconsidered*, *Journal of English Literary History* (September 1947),173.

义呼唤正义,为所有相同处境的人主张公正的同情。"①

在美国,拟人赋予宪法人的性格。1896 年,"美国宪法没有种族成见"这个拟人辞格在司法语篇中第一次被采用,之后,这个拟人虽然并不总是被人接受,但在数十个司法判决书中还是被引用。"美国宪法没有种族成见,既没有见过也不容忍公民中的阶层制度。就公民权利而言,所有公民法律面前人人平等。地位最低下的人与最有权势的人都是平等的人"②。

无论宪法是完全没有种族成见、一定程度上没有种族成见、或看不到任何种族,但它肯定必须有生命,拥有这些特点中的任何一种。1920 年,大法官霍姆斯提交了密苏里诉荷兰案的最高法院判决书,写到了"生父"和"有机体"的产生:"我们处理像美国宪法此类也构成行为的词汇时,必须认识到这些词汇以许多最有天赋的词汇生产者可能完全没有预见到的发展过程创造了生命。他们认识到或希望自己创造了有机体,这就足够了。他们用了一个世纪,而且继任者付出了血汗,创造了一个国家。我们面临的案件必须根据我们的全部经历,而不仅仅是过去一百年的体验来权衡"③。

霍姆斯的这些语言暗示着一部"活的宪法",而这个隐喻被法官采用,"我们的宪法是活着的现实,不是保存在玻璃罩下的羊皮纸。④"这句话来自法官厄文·高德博格 1972 年在尚利案的判决书,他写道:"我们时代重要的问题之一是我们的年青人对政治过程不再着迷,脱离了政治参与。最重要的是,年青人开始相信我们

① See Haig Bosmajian, 170.
② *Plessy v. Ferguson*, 163 U. S. 537,554(1996).
③ *Missouri v. Holand*, 252 U. S. 416,433(1920).
④ *Hazelwood School Dist. v. Kuhlmeier*, 484 U. S. 260,290(1988).

的宪法是活着的现实,不是保存在玻璃罩下的羊皮纸。①"

　　康涅狄格州最高法院法官帕斯凯拟人化了正义,说它不"预测","我们的宪法是被蒙住双眼的","法律不认识异端",司法判决有"子孙后代"。借助司法判决书中出现的这些拟人辞格,"死的"变"活",模糊变得熟悉,抽象有了人性。正如莱科夫和约翰逊的解释,拟人"使我们用人类的动机、特性和活动来理解大量的非人类实体的经历"。

　　法院不仅拟人化了正义和宪法,也把其他法律拟人化了。1872 年,大法官萨缪尔·米勒执笔的最高法院判决书中出现了一个法律中很有影响的拟人:"法律不认识异端,致力于不支持任何教义,不建立任何教派。②"

　　为正义、宪法和法律注入活力之后,法院又拟人化了自己的判决和司法标准,于是判决"生产"判决,判决有"子孙后代"③,"从'现实危险'标准中产生了其他后代"④。判决中某一个拟人被人接受,变得流行,都不可避免地影响了法院的逻辑推理和判决过程。第一修正案需要生存的"呼吸空间",认识这一点使法官明白这种抽象概念绝不是无生命的内容。通过拟人化,无生命的、抽象的第一修正案成为一个生命体,带来了窒息、生存、生与死的感知。通过拟人,"玻璃罩下的羊皮纸",无论是第一修正案或是宪法,具有了人的特性,需要细心呵护,因为后来的法官要解决普通人的普遍问题。

---

① *Shanley v. Northeast Ind. School Dist.*, 426 F. 2d 960,972(1972).
② *Watson v. Arkansas*, 13 wall 679,728(1872).
③ *Shanley v. Northeast Ind. School Dist.*, 426 F. 2d 960,967 - 968(1972).
④ *Brandenburg v. Ohio*, 395 U. S. 444,453(1968); Texas v. Johnson, 109 S. Ct. 2533,2540(1989).

3. 转喻

很多学者讨论过转喻的重要性和作用，特别是政治语篇中的转喻。默里·埃德尔曼认识到了隐喻和转喻的用途："借助隐喻、转喻和句法，语言学的所指唤醒了人们思想中神秘的认知结构。这也许不令人吃惊，因为通过关注事物的某一部分，或者用熟悉的事物与它们做比较，我们自然而然地解释了模糊的情况。"①肯尼斯·博格认为转喻是他的"四大比喻"之一，认为"转喻基本的策略是这样：用物质的或有形的事物来表达非物质的和无形的事物，例如，讨论'心情'而不是'感情'。当然啦，如果你研究语言足够深入，你会发现我们有关'精神'状态的术语在起源上都是转喻的"②。莱科夫和约翰逊对隐喻和转喻做了区分，指出"隐喻和转喻是不同的过程。隐喻主要是用一种事物来体现另一种事物，主要的用途是理解。另一方面，转喻主要是所指功能，它使我们用本体来代表喻体。但是，转喻不只是所指的工具，也有提供理解的用途"③。

虽然隐喻和转喻有所不同，但莱科夫和约翰逊认为"像隐喻一样，转喻的概念不仅构建语言，而且构建思想、态度和行为。并且，像隐喻的概念一样，转喻概念源于我们的经验。实际上，转喻概念的基础一般比隐喻概念更明显，因为它经常与直接的物质或因果联系有关联"④。因此，认知语言学认为，转喻不仅仅是语言现象，

① Murray Edelman, *Political Language*, New York: Academic Press, 1977:16.
② Kenneth Burke, *A Grammar of Motives and a Rhetoric of Motives*, Berkeley and Los Angeles: University of California Press, 1963:506.
③ George Lakoff and Mark Johnson, 1980:36.
④ Ibid., 39.

而且是人们普遍的思维和行为方式，头脑中的概念和概念结构本质上具有转喻的性质。用转喻比用"普通的词语"和字面意义的语言更能表达有影响力的思想。[①] 例如，称呼一个暴君为尼禄，一个诗人是荷马，和一个哲学家为伊萨克·牛顿爵士，都有同样的效果。

美国法院判决中，引用最多、影响最大的转喻来自 1969 年最高法院判决的丁克案。15 岁的约翰·丁克、16 岁的克里斯托弗·埃克哈特、13 岁的玛丽·贝丝·丁克和许多其他初中生和高中生一起，戴着黑色臂章到学校表达他们反对美国对越南发动的战争，特别是美国军队的轰炸。校方告诉学生在同意不佩戴臂章之前不要回到学校，暂停了他们的学业。1965 年 12 月，学生们到联邦地区法院提起诉讼，法院判决他们败诉[②]，但第八巡回上诉法院反对和支持判决的法官人数相等。[③] 案子上诉到最高法院时，大法官福特斯用比喻的叙述方式提出了一个有广泛影响的观点，学生和老师在"校门口"没有"失去"他们的权利。

在断言"老师和学生在'校门口'没有'失去'言论自由和表达自由的权利"时[④]，福特斯用两个非字面意义的用法来表述观点。第一，宪法权利作为抽象化的概念，从字面上不可能消除，福特斯显然无意让人们从字面意义来理解"校门口"，因为当时的美国学校几乎都没有校门，并且很少有称为"校舍"的。福特斯使用了英语中动词 shed 的"使……脱落，失去"意义，这个词义通常适用于

---

① Joseph Priestly，*A Course of Lectures on Oratory and Criticism*，Cambridge：Cambridge University Press. ，2013：231 – 232.

② *Tinker v. Des Moines School Dist.*，258 F. Supp. 971(1966).

③ *Tinker v. Des Moines School Dist.*，383 F. 2d 988(1967).

④ 原文是"either students or teachers shed their constitutional rights to freedom of speech or expression at the school gate"。

"树叶，皮肤，毛发等"，属于转喻的使用方式。"失去"某人的权利创造了不同于"放弃"或"去除"某人权利的意象，带有视觉意义，"放弃"或"丢失"没有。

福特斯修辞句子的另一层面是他使用了校舍。事实上，就该案发生的时间来讲，它更是个修辞的用法，因为丁克案中有关学生学习的学校是初中或高中，不是小学。《韦伯斯特新国际词典（第三版）》对校舍的解释是"学校，尤其是小学使用的建筑物（红色的小校舍）"。校舍有怀旧的意思，特别是它与大门一起使用时。当时，美国没有几所学校还有大门，尤其是初中和高中。当他宣布了学生和老师去学校时，没用放弃宪法权利，用转喻把过程视觉化，构建了正在失去的东西。

福斯特的措辞决定了后来这个观点和意见被引用的频率，后来的许多司法判决都引用这个转喻。福特斯原本可以说"学生和老师去学校时没有放弃言论和表达的权利"，或者"学生和老师到学校时，他们保留了言论和表达的权利"。但是，这种语言表达就不会有他的转喻那么强大的影响力。

在起草丁克案的最高法院判决意见书时，福特斯还借助了其他几个比喻来支持法院的判决。例如，他认为"在我们的制度中，公立学校不会是专制主义的飞地"和"在我们的制度中学生不会被视为国家选择的传播内容的封闭接收人"①。几行之后，福特斯利用了凯西安案中大法官卜睿南的修辞语言："教室尤其是'思想的市场'。国家的未来取决于这样的领导人：他们经过思想激烈交火

---

① "The classroom is peculiarly the 'marketplace of ideas'. The nation's future depends upon leaders trained through wide exposure to that robust exchange of ideas which discovers truth out of a multitude of tongues rather than through any kind of authoritative selection."

的锻炼,‘经众人之口而不是任何官方的挑选发现真理。’"①

　　司法文本中的转喻层出不穷,有很多出现之后就不再使用,但有一些转喻,如大法官霍姆斯的格言"一页历史值满卷逻辑",西弗吉尼亚州教育委员会诉巴内特案中的"宪法星座的恒星"②,转喻式的"众人之口"和"在校门口""失去"某人的权利也在对抽象概念的概念化过程中影响巨大。像有些司法隐喻一样,司法转喻已经成为法律论证中引用的"原则"和"标准"。

━━━━━━━━━━━━━━━━

① "众人之口(multitude of tongues)"是 1943 年由法官雷尼德·汉德在美国诉美联社一案中使用的一个转喻,"新闻行业的利害关系是决定性的,但这种决定性既不是独占的,甚至也不是主要的;因为那个行业满足所有普通利益中最重要的利益之一:传播来源尽可能多、角度和观点尽可能多的新闻。那种利益非常近似于,如果实际上不同的话,第一修正案保护的利益;它预先假定正确的结论更可能从众人口中获得,而不是任何权威的挑选而来。这在许多时候,而且将总是一句傻话;但我们已经用我们的身家性命为此做保证。"See *United States v. Associated Press*, 52 F. 362,372 (1943). 后来的很多案件都使用这个转喻。
② *West Virginia State Bd. of Ed. V. Barnette*, 319 U. S. 624,642(1943).

第三章

法律隐喻的认知语言学分析

隐喻和类比一样,通过把一个概念与另一个概念相比较,指出相似性,从而成为推理的工具,帮助人们理解概念①。在这个过程中,隐喻式推理涉及两个不同的领域,一个领域的隐含联合体(或者知识)被用来对其他领域进行推理或提出主张。第一个领域被称为源领域,第二个被称为目标领域,也就是被推理的领域。隐喻式推理有两种类型:第一种类型是以相似性为基础的隐喻,指出源领域和目标领域之间的相似性,用源领域已知的相似性来规定目标领域的相似性,这些规定的相似性使源领域的隐含联合体生成了目标领域的主张;第二种类型是隐喻创造相似性。在最令人感兴趣的隐喻例子中,源领域和目标领域之间本来没有相似性。但是,使用隐喻之后,如果成功了,就使目标领域看上去与源领域具有某种相似。这种相似性是创造出来的。

法官有很多理由去研究司法推理中隐喻的作用,特别是如果案件的实际情形需要法官充分理解和解释深奥难懂的诉讼问题之

---

① Chad M. Oldfather, *The Hidden Ball: A Substantive Critique of Baseball Metaphors in Judicial Opinions*, 27 CONN. L. REV. 22 - 23(1994).

时。在英美发达国家中,二十一世纪信息时代的诉讼中出现的很多争议问题都符合这种类型,特别是有关计算机技术这类的高科技案件可能尤其具有挑战性。[①] 有关技术的隐喻能影响人们对知识、真实性,正义和现实的感知。但是,法律共同体内部和外部的很多人,从向法院提起高科技诉讼案件的律师,到负责监督民事司法执行的那些人,以及报道这种新闻的记者,都对法官充分理解特定案件中有关技术的能力表示担忧。在互联网、生物科学、航空航天与空间技术、信息技术飞速发展的时代,法官面对这些领域的新概念和新现象时,实践中最有可能利用隐喻解决争议。"技术变化使法官面临前所未知的法律情况时,如果新技术不符合现有的范畴类型,类比是法院唯一的现实导航图"[②]。

一、法律隐喻的映射模式研究

英美法系的法院判例中,如果新技术本身成为推动法律发展的驱动力,错误理解技术问题就可能导致有瑕疵的法律结论。此时,认真审查隐喻,认真研究和讨论司法判决书中法律隐喻的映射模式以及相关的认知图式,就显得很有必要。隐喻将源领域的属性特征映射或投射到目标领域,指出或者创造它们之间的相似性,从而说明或解释目标领域。根据二者的相似性程度,可以把这种映射分为熟悉到不熟悉、具体到抽象、抽象到具体、抽象到抽象和具体到具体五种类型。

---

① Stephanie A. Gore, *A Rose By Any Other Name: Judicial Use of Metaphors for New Technologies*, 2 Journal of Law, Technology & Policy, 403－456,409(2003).

② Linda Greenhouse, *What Level of Protection for Internet Speech*? N. Y. TIMES, Mar. 24,1997, at D5.

下文中将通过详细分析与探究美国某些判例来说明隐喻式推理的五种映射方式。

1. 熟悉到不熟悉：互联网是"信息高速公路"

隐喻具有把不熟悉或者难懂的概念与另一个熟悉的概念在某一点相似性上连接起来的作用。交际学者小奥斯卡·甘地和肯尼斯·法拉奥认为：

> 隐喻由源领域和目标领域构成。源领域是假设交际行为人熟悉的领域，或者至少共享具有某些特点的知识，目标领域是不太熟悉的领域，能够经过与源领域的联系而理解。隐喻交际行为吸引受众用比较熟悉的事物来思考不太熟悉的事物，源领域中行为人了解的部分是隐喻的蕴含。隐喻表达内在的蕴含意味着目标领域的某些部分被强调，而其他部分被隐藏。[①]

美国的州际高速公路系统，正式名称叫国家州际公路和国防高速公路系统，是根据 1956 年联邦公路法逐步建立的，受到州政府和联邦政府（间接）的管理。公路系统的发展，极大地促进了美国商品、人员的流动，促进了经济发展，但也带来了环境污染等许多社会问题。1994 年初，美国前副总统埃尔·戈尔把一项政府互联网计划命名为"信息高速公路"，然后这个概念进入

---

① Oscar H. Gandy Jr. & Kenneth N. Farrall, *Metaphorical Reinforcement of the Virtual Fence: Factors Shaping the Political Economy of Property in Cyberspace*, Andrew Chadwick & Philip N. Howard ed., *Routledge Handbook of Internet Politics*, 2007.

了公众视野。互联网发展的初期,多数美国人第一次面对互联网时,"信息高速公路"隐喻决定了他们理解互联网的方式,使美国民众自然而然地认为这些新电信技术等同于州级公路的作用。① 从法律上讲,如果互联网是公路,这意味着为了安全,政府就能管理互联网,上网需要年龄的认证就像开车需要驾照,也就意味着只有成年人才能上网②。"软件通过万维网州际电话线传送给计算机用户,就像软件装在卡车车厢里,经由州际公路送到计算机商店和终端用户手中一样。通过这种方式,互联网和许多传统运输方式,如公路一样,实现了跨州运送货物的目的"③。"接入互联网意味着有办法发送和接收电子邮件,上传和下载文件,订阅网络新闻,数以千计的兴趣团体组成的网络,号称有几百万读者"④。

---

① Clay Calvert, *Regulating Cyberspace: Metaphor, Rhetoric, Reality, and the Framing of Legal Options*, 20 Hastings Comm. & Ent. L. J. , 541 - 566,548 (1997 - 1998).

② If the Internet is a highway, then government can regulate it for the safety of those who pass on it. Age restrictions seem particularly appropriate under this metaphor; with adult verification requirements being analogized to the drivers' licenses of the real world, access to the Internet is a privilege that isonly conferred on the mature. See Jonathan H. Blavin and I. Glenn Cohen, Gore, Gibson, and Goldsmith: *The Evolution of Internet Metaphors in Law and Commentary*, Vol. 16 Harvard Journal of Law & Technology 270(2002)

③ Kenneth D. Bassinger, *Dormant Commerce Clause Limits on State Regulation of the Internet: The Transportation Analogy*, 32 GA. L. REV. , 905 (1998). Software can be transported to a computer user through the interstate telephone lines of the world wide web, just as it can travel the interstate highways in the back of a truck to a computer store and the eventual end user. In this manner, the Internet and more traditional means of transportation, such as highways, serve the same purpose of moving goods across state lines.

④ George P. Long, *Who Are You?: Identity and Anonymity in Cyberspace*, 55 U. PITT. L. REV. 1177(1993 - 1994),1181.

这个隐喻影响了美国法院对早期互联网的认识与理解。法院遇到法律未曾预料到的新技术时，它们依赖类比推理，把新技术与旧技术作类比，这对适用正确的法律规则非常重要。某些法院的司法判决书也使用互联网这个隐喻，虽然没有法律评论员那样独特。布鲁克菲尔德诉西海岸娱乐公司案中，第九巡回法院不加区别地接受了公路的隐喻类比，认为：

> 一个人在自己的元标记中使用他人的商标，很像在自己的商店前面张贴他人商标招牌。假设被告西海岸的竞争者（姑且称为巨型炸弹）在公路上立了广告牌，上面写着"西海岸录像：7号出口前行2英里"。事实上，西海岸实际位于8号出口，而巨型炸弹位于7号出口。①

法官和普通人一样，无法避免把新生事物与熟悉的事物做类比的倾向。纽约南区法院判决禁止利用互联网向未成年人传送有害用具是否违反商业条款时，评论道：

> 长期以来，法院认为铁路、卡车和公路是"商业运输工具"，因为它们充当了产品和服务运输的管道。互联网不只是一种交流方式，也是运送数字商品的管道……，它们可以从服务商的网址下载到互联网用户的计算机

---

① *Brookfield Communications, Inc. v. West Coast Entm't Corp.*, 174 F. 3d 1036, 1064(9th Cir. 1999). Using another's trademark in one's metatags is much like posting a sign with another's trademark in front of one's store. Suppose West Coast's [the defendant] competitor (let's call it "Blockbuster") puts up a billboard on a highway reading — "West Coast Video: 2 miles ahead at Exit 7" — where West Coast isreally located at Exit 8 but Blockbuster is located at Exit 7. 39

上……。这种结论不容忽视,互联网代表了州际贸易的一种工具,尽管是一种新工具……,(并且)迫使传统的贸易条款来考虑。①

但是,1996 年以后,司法审判中逐步否定信息高速公路隐喻的使用。白海丽诉格罗斯案中,原告最初的做法是试图禁止被告在他们的网络域名或者所有网站元标记中使用自己的名称。纽约南区法院用"最初利益请求权混淆"的理由否定了对现实空间公路的类比。② 与布鲁克菲尔德案中第九巡回法院的观点不同,白海丽案的审判法院认为:

公路广告牌隐喻的用法不是互联网上元标记的最好类比。公路上的误导性广告牌造成的损害难以矫正。相比而言,……一个人恢复搜索正确的网址相对简单,点击鼠标,等上几秒,浏览器就能恢复引擎搜索功能,重新搜索最初的网站。公路的隐喻突出了本案中没有注意到的内容。元标记中插入"白海丽室内设计"不同于误导性的"广告牌",后者使司机绕到竞争商店,并且不正当地利用

① *Am. Libraries Ass'n v. Pataki*, 969 F. Supp. 160,173 (S. D. N. Y. 1997). The courts have long recognized that railroads, trucks, and highways are themselves "instruments of commerce," because they serve as conduits for the transport of products and services. The Internet is more than a means of communication; it also serves as a conduit for transporting digitized goods … which can be downloaded from the provider's site to the Internet user's computer …. The inescapable conclusion is that the Internet represents an instrument of interstate commerce, albeit an innovative one … [and] impels traditional Commerce Clause considerations.
② *Bihari v. Gross*, 119 F. Supp. 2d 309,319 - 321 (S. D. N. Y. 2000). 原告明确主张反对互联网侵犯了《消费者保护法》和《兰哈姆法案》第 43(a)条。

了原告已获得的商誉。①

工作室诉雷默德斯案中，纽约南区法院对这个隐喻也做出了相似（如果不太坦率的话）否认：

> 网络连接与信息高速公路有一种关系，可以比作公路标牌和公路的关系，但它们的功能更强。网络连接像公路标牌，指示方向。但不同于公路标牌的是，网络连接只要点击电子鼠标，瞬间就使一个人到达理想的目的地。因此，像普通的计算机密码一样，它们具有表述性和功能性因素……，（并且）在第一修正案关注的范围之内。②

白海丽和雷默德斯案的审判法院都承认了互联网的例外论。信息高速公路不像普通公路，它的连接不同于公路标牌，这个想法

---

① *Bihari v. Gross*, 119 F. Supp. 2d, 320. Use of the highway billboard metaphor is not the best analogy to a metatag on the Internet. The harm caused by a misleading billboard on the highway is difficult to correct. In contrast, ... resuming one's search for the correct website is relatively simple. With one click of the mouse and a few seconds delay, a viewer can return to the search engine's results and resume searching for the original website. The highway analogy pinpoints what is missing in this case. Inserting "Bihari Interiors" in the metatags is not akin to a misleading "billboard," which diverts drivers to a competing store and "misappropriates [plaintiff's] acquired goodwill."

② *Universal City Studios, Inc. v. Reimerdes*, 111 F. Supp. 2d 294,339 (S. D. N. Y. 2000). Links bear a relationship to the information superhighway comparable to the relationship that roadway signs bear to roads but they are more functional. Like roadway signs, they point out the direction. Unlike roadway signs, they take one almost instantaneously to the desired destination with the mere click of an electronic mouse. Thus, like computer code in general, they have both expressive and functional elements ... [and] are within the area of First Amendment concern.

忽略了互联网的即时性,互联网的结构不同于纯粹的管道,信息在其中来回传送,并且包含了几个目的地,每一个都有自己的内容。这些案件探索并揭示了这个隐喻对制定和采用新的规则和行政法律的含义,它们影响了新的电信技术、服务、计算机媒介通讯、以及互联网。信息高速公路隐喻是总统比尔·克林顿和副总统戈尔从战略角度选择的修辞手法,界定了有关互联网和电信监管的辩论,含蓄地表明某些特定的法律选择对指引网络空间的未来法律比其他规则更可行,因为隐喻的力量在于改变和控制人们今后的思想。

2. 抽象到抽象:互联网是网络空间

网络空间,最初是威廉·吉布森 1984 年的科幻小说《神经漫游者》中发明的一个在概念空间中使用的名称,表达了早期的个人电脑和街机游戏在屏幕后面共享一个共同空间的意象。[1] 在这个空间里,人们使用计算机媒介通讯技术来表现文字、人际关系、数据、财富和权力,不仅暗示这是一个"新"空间,而且是完全不同于"现实"的空间,不受政府的传统管理限制。这个观点显然建立在一些有关互联网架构的重要假设上,包括"网络空间没有领土边界",以及网络各方保持匿名和隐藏其地理位置的能力,以及互联网位置只能是在"由机器地址发送的消息和信息构成的虚拟空间"中存在。这个概念也强调数字化网络空间是三维空间,一个可以存在和移动,环境明显不同于"真实"世界,令人想到 1990 年代早期的"虚拟现实",或媒体在 2005—2006 年关注的虚拟世界"第二人生"[2]。这个"虚拟现实"最主要的本质特点,也是互联网早期的

---

[1] William Gibson, *Neuromancer*, London: Orion Publishing Co., 1984:51.

[2] Stefan Larsson, *Conceptions In The Code: How Metaphors Explain Legal Challenges in Digital Times*, New York: Oxford University Press, 2017:3-4.

愿景,是一个不应该、甚至不能成为政府部门监管目标的"空间"。约翰·佩里·巴洛的《网络空间独立宣言》是对 1996 年美国《电信法》的回应,宣称在工业世界的政府中,"网络空间不存在于你的边界之内","我们正在形成我们自己的社会契约","网络空间的治理将根据我们的世界而不是你的。我们的世界是不同的"。

到了 1990 年代中期,越来越多的个体通过网络浏览器接触到了互联网,这个泛滥的新隐喻开始在大众新闻舆论、各种学术研讨会和法律著作中流行,开始取代信息高速公路隐喻。"网络空间"隐喻与信息高速公路隐喻形成鲜明对照,唤醒了有关互联网的三个概念主题:(1)政府管理的不适合性;(2)一个没有边界的空间场域观念;(3)高度例外论。这三个主题之间相互强化。[1]

在这个隐喻的影响下,美国有些学者确实认为领土意义上的政府不可能、而且确实不应该管理互联网[2],他们认为这个新场域的管理应当交给它的居民们,只有他们才能"解释法律人格和财产,解决纠纷,使线上参与人核心价值观的集体对话具体化"[3]。

在这种思潮影响下,从 1990 年代中期开始,法院审理的互联网相关案件数量不断增加,也开始强调互联网的例外性和新特征,认为它是"一种全新的信息交换方式","网络空间里关于邮件和电话的类比不太令人满意"[4]。雷诺诉美国公民自由联合会案中,联邦最高法院的第一份互联网判决书就采用了网络空间是存在于领

---

① Jonathan H. Blavin and I. Glenn Cohen, Gore, Gibson, and Goldsmith: *The Evolution of Internet Metaphors in Law and Commentary*, Vol. 16 Harvard Journal of Law & Technology 275, Fall, 2002.

② David R. Johnson and David Post, *Law and Borders: The Rise of Law in Cyberspace*, 48 STAN. L. REV. (1996),1402.

③ Ibid. , 1367.

④ *Maritz, Inc. v. Cybergold, Inc.*, 947 F. Supp. 1328,1332 (E. D. Mo. 1996).

土边界之外的新场域的隐喻,司法语言令人瞩目:"总结到一起,这些工具构成一个独特的媒介,用户称为'网络空间'。它没有具体的地理位置,但任何人在世界任何地方都可以利用,都可以进入互联网。"[①]许多其他法院也开始把互联网描述为超越边界、有可能不受现实空间法律管辖的领域。

　　许多法院尝试把米勒诉加利福尼亚案中规定的淫秽检测社区标准的部分内容适用于互联网,这个司法推理过程在美国诉托马斯案中阐释得很清楚。该案中,原告主张"本案中使用的计算机技术需要重新解释社区,换句话说,社区建立在网络空间中人们之间广泛联系的基础上,而不是联邦刑事审判司法区的地理场所"[②]。托马斯案的审判法院驳回了这个主张。四年后,美国公民自由联合会诉雷诺案用了截然不同于第六巡回法院的分析,裁决儿童线上保护法规定的淫秽检测社区标准违反宪法,第三巡回法院的判决意见如下:

　　　　不像在具体地理场所用"砖石灰浆建成的出口",也不同于从一个地理位置向另一个位置主动发送印刷品邮件,就像米勒案那样,无可争辩的事实证明网络在地理上没有限制。事实上,并且非常重要的一个事实是……网络发行商没有任何办法根据特定互联网用户的地理位置限制他们进入自己的网站。只要信息在网站上发布了,任何其他网络访问者都可以使用……。在一个没有地理位置的媒介中,当人们尝试解释当代社会准则应当或者

---

① *Reno v. ACLU*,521 U.S. 844,851(1997).
② *United States v. Thomas*,74 F. 3d at 711.

可能意味着什么之时，这个重大区别必然影响人们的
分析。[1]

法院消除了管道隐喻例外性低的特点，采用互联网是新空
间的隐喻，认为塞布雷案和汉姆林案中的类比不恰当，把被告能
控制向谁发送淫秽印刷品和他们不能控制什么人进入或者访问
自己的网页内容做了区别。判决的改变肯定是因为互联网设计
从公告栏的拼凑物发展成了网络，但是这种改变与隐喻的变化
相吻合。互联网技术的进步使信息高速公路隐喻实际上已经不
符合网络发展的现状，于是催生了新隐喻"网络空间"，这又带来
了新结果。

3. 具体到抽象：互联网是现实空间

从 1990 年代末到二十一世纪的最初几年中，互联网不是与现
实隔绝的神秘场所的观点开始越来越普遍，所以人们又建构了各
种隐喻推理，可以把互联网"划分为不同区域"，进行干预，避免造
成侵害，或者分割为与不动产相似的一块一块区域。在 1998 年的
一系列法律文章中，杰克·高德史密斯认为互联网没有带来特别

---

[1] *ACLU v. Reno*, 217 F. 3d 175(3d Cir. 2000). Unlike a "brick and mortar outlet"
with a specific geographic locale, and unlike the voluntary physical mailing of
material from one geographic location to another, as in Miller, the uncontroverted
facts indicate that the Web is not geographically constrained. Indeed, and of extreme
significance, is the fact … that Web publishers are without any means to limit
access to their sites based on the geographic location of particular Internet users. As
soon as information is published on a Web site, it is accessible to all other Web
visitors …. This key difference necessarily affects our analysis in attempting to
define what contemporary community standards should or could mean in a medium
without geographic boundaries.

的问题,不能用管辖规则和冲突法进行解决。① 莱斯格认为互联网的设计源自"控制的特有想法"②。因此,互联网没有任何内在的东西使它成为一个与传统的领土边界、人类价值观、政府的相关管理隔绝的空间。从 1999 年后,许多学者依据莱斯格的分析,否定了网络空间的隐喻,突出了它的技术特征。网上授信系统、滤波和地理精确定位技术的不断普及和使用增加了这种观点的可信性,人们对互联网进行重新设计,使它与现实的领土边界和法律管辖范围保持一致。③

　　另一方面,随着互联网演变为一种人们日常生活中的必需品,广泛应用于工作、购物和交际,它已经成为现实世界中一个很平凡、例外性很小的组成部分,互联网使用的普及影响了"网络空间"意义体现的互联网认知的变化,因此互联网隐喻也恢复为管道隐喻。从互联网的发展过程看,许多第一代用户具有技术背景,坚持网络空间的观点。但是,随着互联网商业化和可使用性程度越来越高,它的用户基础多元化,排他性减小,网络空间隐喻体现的精英主义已经与现实严重不符。有趣的是,网络浏览器技术的出现严重损害了这个特定用户群的网络空间隐喻,法院也自然采用了"互联网是现实空间"的隐喻。实际上,早在雷诺诉美国公民自由

---

① Jack Goldsmith, *Symposium on the Internet and Legal Theory: Regulation of the Internet: Three Persistent Fallacies*, 73 Chi.-Kent L. Rev. 1119,1121(1998); also see Jack Goldsmith, Against Cyber Anarchy, 65 U. Chi. L. Rev. 1199 – 1200 (1998).
② Lawrence Lessig, *Code and Other Laws of Cyberspace*, New York: Basic Books, 1999:4 - 5. 早在 1996 年,莱斯格就认为互联网影响到现实空间的生活,将受到和现实空间一样的监管。参见 Lawrence Lessig, The Zones of Cyberspace, 48 STAN. L. REV. 1403,1406(1996)。
③ William Gibson, 282.

协会案时，奥康纳大法官的同意意见就预言"网络空间无疑体现某种地理形式，例如，聊天室和网站存在于互联网的固定地点，有可能在网络空间里设定屏障，用它们审核身份，使网络空间更像物理世界……"[1]。奥康纳使用领土边界划分的物理世界这个类比对她期望把分区法适用于互联网至关重要，类似于那些限制进入成人影院的做法，而且最高法院以前就维持了这种意见。[2]

尽管奥康纳法官的观点并没有被司法部门全部接受，但它还是有一定的反响。各种各样的案例以隐喻推理的方式将互联网视为真实的空间。在一系列的早期案例中，关于互联网服务提供商是否能对其用户的行为负责，诉讼的各方当事人将互联网服务提供商与电信运营商和新闻报业出版商等实体进行比较。[3] 非法侵入计算机罪自然会让人联想到未经授权非法"访问"系统，让人联想到网络的空间地理特性。现实空间的隐喻在互联网动产侵权案件中也越来越明显，在这些案件中，法院发现蠕虫病毒、垃圾邮件甚至简单的电子邮件的使用都构成了"侵权"，干扰了原告在计算机系统中的专有利益。

有许多案件引用这个隐喻来类比互联网是现实空间的概念。在互联网侵害动产的案件中，现实空间隐喻也越来越明显。在这些案件中，法院认定使用蠕虫病毒、垃圾邮件、甚至普通电邮都构成"侵害"，影响了原告的计算机系统财产权。许多法院不再认为互联网是"没有边界的边疆"，本质上与领土边界没有联系。相反，

---

① *Reno v. ACLU*，521 U. S. 844,890(1997).

② *City of Renton v. Playtime Theatres*，Inc.，475 U. S. 41(1986).

③ Jonathan H. Blavin and I. Glenn Cohen，Gore，Gibson，and Goldsmith：*The Evolution of Internet Metaphors in Law and Commentary*，Vol. 16，Harvard Journal of Law & Technology 275,284 (Fall 2002).

他们至少开始调查互联网曾经先进的设计是否确实能够精确地与现实空间连接。

4. 抽象到具体：瓶颈原则

反垄断法领域是研究隐喻影响的理想法律领域。反垄断法经常通过审查数量庞大、非常精确而又抽象的市场和经济数据，判断什么商业行为违反反垄断的禁令，构成垄断行为。美国法院有关反垄断案件的判决书中，除了案例引用和市场份额数据之外，能给法官、律师或者普通读者留下深刻印象的很可能是隐喻。借用经济学中最著名的比喻之一，隐喻通常是一只"看不见的手"，能在不被察觉的情况下，从远处引导事件。[①] 例如，竞争性"定价"是经济的"中枢神经系统"，地方电话局或者足球馆受到"瓶颈"原则影响，原告处于"目标区域之外"，"浴缸阴谋（企业内部阴谋）"受到指责，被告可能是一名新会员，"在边锋位置等待"，销售政策等于"价格压榨"，收购公司具有"雄厚的财力"或者进行"支点"收购，新产品"品牌具有竞争力"。这一类词语充斥在反垄断法中。

美国反垄断判决中的隐喻令人惊讶，具有明显的比较优势，经常用栩栩如生的说话方式把抽象的概念转换为具体概念，用各种隐含的意义建构概念，具有了不受源领域概念真实价值影响的能力，预示了类似案件的久远影响。美国法院过去三十年中一直使用和完善的"瓶颈原则"，它的影响和不确定的性质，都对反垄断法司法实践提供了许多经验教训。

瓶颈原则是一个用隐喻表达的假设规则，也被更简明地称为

---

① Michael Boudin, *Antitrust Doctrine and the Sway of Metaphor*, 75 Geo. L. J. 395, 396(1986 - 1987).

"基本设施"原则。美国诉美国电话电报公司案中，格林尼法官阐述了如下意见：

> 开门见山阐述可适用的法律规则很有用。如果任何公司控制市场的"基本设施"或"战略瓶颈"，没有按照公平合理的，而是使竞争者处于不利状况的条件提供这个设施给它的竞争者，就违法反垄断法。[1]

英国学者艾·迪·尼尔曾经讨论用各种"瓶颈"垄断行为来总结那些被宣告为"一个人的抵制"或者"大公司拒绝交易"案件中的观点，美国许多上诉法院和地区法院用相似的术语表述了瓶颈原则[2]，这证明它不是一个毫无根据的空想，而是已经成为了一个判决规则的隐喻。在许多判例中，它先后被用来反对一个足球队对华盛顿体育馆的排他性租赁，美属萨摩亚群岛的石油储藏设施，输气管道，电力网络，报纸配送系统，不动产代理服务协议，以及科罗拉多的滑雪场。法院经常用格林尼法官自信、无保留的方式来陈述这个原则。司法部反垄断署、各级法院和行政机构提出的诉状中，对瓶颈原则特别青睐，通常都同时提到美国诉终端铁路协会案和联合通讯社诉美国案。[3]

---

① *United States v. AT & T*, 524 F. Supp. 1336, at 1352–53 (D. D. C. 1981). It may be helpful at the outset to state the applicable legal standard. Any company which controls an "essential facility" or a "strategic bottleneck" in the market violates the antitrust laws if it fails to make access to that facility available to its competitors on fair and reasonable terms that do not disadvantage them.

② A. Neale, *The Antitrust Laws of The United States*, 66–70, 127–133(2d ed. 1970), quoted in Hecht v. Pro-Football, Inc., 570 F. 2d 982, 992 (D. C. Cir. 1977), cert. denied, 436 U. S. 956(1978).

③ Michael Boudin, 397–398.

1912 年的美国诉终端铁路协会案是最高法院使用这个隐喻的第一个案例,也是最常被引用的判决。该案中,几家铁路公司成立了一家公司,他们先后获得了圣路易斯的主要铁路终点站和每一个渡河设施,从而控制了进出这个主要门户的交通。最高法院援引《谢尔曼法案》第 1 条和第 2 条的规定,认为如果竞争对手愿意,终端铁路协会必须允许竞争对手拥有终端公司的股份,必须"根据公正合理的条款和规定,在使用、性质和服务成本方面,使每一家这样的公司几乎处于平等的地位……"。

尽管有争议,这个隐喻在联邦法院审判中发挥了很好的作用,帮助法院建构了一个法律原则,劝说法院倾向于把它作为一个好像是自动生效的规则对待。从修辞角度讲,这个术语不关心是否存在垄断和垄断是否与某种稀有设施或资源有关联的意图或者问题。一旦发现这种设施,就是一个做出需要合理使用设施的假设捷径,被告有责任证明自己拒绝竞争对手的使用具有正当性。①

另一个方面,瓶颈的标签建构了原则,因为它暗示了企业或公司拒绝对手使用的行为是一种不利观点。"瓶颈"最直接的主观联系几乎都是不利的,它包括了超级市场很长的交款队伍,或者堵满汽车的大桥入口坡道。就这个隐喻的意义而言,把某个事物称为基本设施对回答它是否应当与竞争者共享或者所有人是否有权为公众服务意义不大,原告咆哮着要使用时,把同样的设施称为瓶颈就是呼吁法院干预,用无声的喇叭发出呼吁。作为修辞格,隐喻不仅能够建构原则,也能提升它在法院的权势或影响。

反垄断法是一个很难的科目,基础的经济学对多数法官和律

---

① "瓶颈"原则赞同将责任转嫁给被告,由他证明拒绝是正当的,因为这意味着"合理"的使用通常是可行和可取的。"瓶颈"的隐喻意味着应该自由流动的东西受到限制。

师而言更令人困惑，在许多地方都体现了一种简化反垄断法的合理冲动，包括本身违法规则①、掠夺性定价的成本审查，判断市场不合理集中或垄断影响力的数学公式。在这些方面，隐喻把抽象的反垄断法变得具体、更有活力，符合用不同方式理解观念的相同需要。

有时，法院用来帮助人们理解抽象法律事实的隐喻无关扭曲或令人误导的事实，就像瓶颈的称号已经证明的那样。一个恰当选择的隐喻可以提升具体化原则的影响。例如，"捆绑"②的观念很可能比克莱顿法第三条的字面语言更好地抓住了国会的担忧，让人们关注这样一个案件：卖方要求买方承诺不使用自己竞争对手的商品。更普通的案例是卖方不说出自己的竞争对手，但是把自己销售的产品结合在一起强加给一名不太愿意的买方。捆绑隐喻应对的就是这种情形，它用比任何成文法的抽象解释都更加简洁和生动的方式，概括了一个关联产品的基本概念，把成文法适用于某一类重要的案件情形之中。

这些隐喻也用更加生动具体的方式使律师或法官们在未来的案件中更容易想起相关的原理。随着新隐喻在一系列案件中的不断使用，它更可能获得新的意义，自身开始被理解为对以前各种使用方法的一种总结。因此，久而久之，随着判决摘要和判决书中不断重复使用隐喻，反垄断隐喻逐步获得影响，虽然细微差别不断呈现。

隐喻最令人好奇的一个原因是它属于文学的一种修辞方法和

---

① 本身违法原则是指如果某种贸易行为限制贸易，无论它是否实际上造成损害，都违反了《谢尔曼法》。参见 *Black's Law Dictionary*（8th ed.），3618。

② 捆绑协议指如果买方在购买卖方的某种产品或服务的同时，也必须购买其他产品或服务，卖方就会同意出售自己的产品或服务。根据谢尔曼法或克莱顿法的规定，如果捆绑协议的效果非常不利于竞争，就可能是违法的。

一种推理方法。虽然人人都知道文学修辞具有美学和情感作用，但隐喻的推理作用有点陌生，某种程度上被隐藏。但作为一种简洁化的类比，隐喻对精通普通法推理的律师具有天然的吸引力。按照普通法的传统，律师论证、法官判决的当前案件足以构成以前案件的"同类案件"时，这两个案件应当用同样的方式判决，这是一种具有正当性的可接受方法。"法律推理基本的范式是用实例推理，是个案推理"。① 反垄断案件中的隐喻事实上可以援引以往的反垄断案件，正如瓶颈隐喻经过充分的案件积累之后表现的那样，但是作用更广泛。隐喻式推理作为一种论证方法，对律师来讲可能"感觉理所当然"，因为他习惯于使用类比，并且看着它被使用。

虽然隐喻可以包含类比论证，但它是隐性的论证。论证的隐性特点具有显著的效果，使隐喻成为一把锋利的武器，更难以避开。仔细研究反垄断案件中类比如何融于隐喻中之后，这些后果就能很好理解。

美国诉石油公司案中，道格拉斯大法官为法院撰写的判决书恰当地实现了这个目的。该案中使用的隐喻是"竞争性定价是经济的中枢神经系统"②。被告是一家大型石油公司，被控违反谢尔曼法第一条，采用了一个购买"灾难"石油管道的计划。这个灾难石油管道以很低的价格出售，在某些情况下可能低于成本。因为炼油厂单独无法维持经营，为解决这种情况，几家大型公司同意把自己比作出售灾难管道的独立炼油商的"舞伴"。然后，他们会按

① E. Levi, *An Introduction to Legal Reasoning*, 1(1949). Quoted from Michael Boudin, *Antitrust Doctrine and the Sway of Metaphor*, 75 GEO. L. J. 395,406 (1986).
② *United States v. Socony-Vacuum Oil Co.*, 310 U.S. 150,59(1940). The metaphor is a description of competitive pricing as the central nervous system of the economy.

照一个以"市场现行的中等价格"决定的购买公式，每月购买独立炼油商的低价石油。[①]

联邦地区法院的陪审团判决被告有罪，上诉法院推翻原判，发回重审，最终上诉到了最高法院。最高法院推翻了上诉法院的判决，重申了被告的有罪判决，判决书的许多内容直接回应了被告的各项观点。道格拉斯大法官认为"任何用不正当手段干预价格构成的联合都是非法行为"[②]。他用一个很长的脚注解释法院从来都没有接受过任何定价的理由，认为定价协议全部被禁止，"权力或者影响力构成反垄断的违法行为都不是必须的，因为它们实际上或可能威胁到经济的中枢神经系统"。[③]

这些有说服力的观点与一个隐喻结合在一起，把竞争性市场的定价默示等同于"静静的中枢神经系统"，这是一个使用类比的巧妙论证。价格机制和中枢神经系统都很灵敏：对脊柱的单次严重损害可能造成终身瘫痪，严重的价格同谋可能在一段时间内造成有限的损害；价格是所有市场关系中最灵敏的因素，任何对自由竞争定价的干预危害都很大。从这些方面分析，特定的中枢神经系统和竞争性市场定价在组织结构上有相似性。竞争性市场，像中枢神经系统一样，通过"信号"（价格-神经冲动）发挥作用。每个系统可被视为一个网或者连接整体（身体-经济）不同部分的网络。在每一个网络中，信号系统正常发挥功能被视为对实体至关重要，信号中断被视为威胁（神经疾病-资源不合理配置）到实体。这些未曾明说的相似点构成了类比的基础，判决书的读者默认了这一点，就像庭审证人一样，不知不觉轻易认可了现在很明显的含义：

---

① *United States v. Socony-Vacuum Oil Co.*, 310 U. S. 150,170-180(1940).
② Ibid., 220-221.
③ Ibid., 226.

如果定价体系等同于中枢神经系统,那么这个类比就鼓励读者假设定价制度也有这些特征,应当遵守禁止干预的相同规则。这个隐喻不仅否定了价格操纵是正当的,而且也支持拒绝考虑其影响力和实际效果。如果造成损害的可能性很大,而且又缺乏正当性,法官有能力谴责这种初始意图,而不用担心它是否可能有效或者已经发生效应了。

这个隐喻除了具有作为类比论证的影响之外,还有更富有文学特点的其他方面的特点,就像一件精美的手工制品。它暗示了一个医学和生物学的对比,一种戏剧性的比较尺度,吸引人们注意这个观点:干扰中枢神经系统的意象唤起了令人不适和担忧的感觉,这无疑产生了效果,因为这能被人感觉到了,而不是被理解了。这些文学性的特点与必要的类比一起使隐喻具有了说服性。判决书为当下案件、也为未来案件而写,借助于情感联系,隐喻支持了法院的判决结果,而且道格拉斯大法官的隐喻在后来四个重要案件中不断出现。

另一个特征促进了隐喻性说服推理的影响:隐喻促成了隐喻使用者和隐性类比解密者之间的对话。只要隐喻引导人们寻求未曾言明的相似性,隐喻就是施喻者和受喻者之间的对话。判决中的隐喻提出了这样的问题:隐喻暗示了什么样的相似性和它们有什么意义。受喻者默默地用自己的经验和直觉提供了各种答案,成为论证的"共犯"。于是毫无疑问,他不可能质疑自己揭示的相似性的价值。

5. 具体到具体:青少年罪犯是超级掠夺者

隐喻推理中,如果施喻者用现实中人们习以为常而又非常具体的现象来解释或说明另一个虽不太平常、但同样具体的现象,隐喻就能马上激发人们的直觉理解，或者采用有利的图式，避免对问题进行辩论，说服当事人不假思索地接受源领域建议的观点，迅速提供一种短期的解决方案。这种案例在美国法院的审判活动中俯拾皆是。

二十世纪九十年代，美国心理学家提出了"超级捕食者"的隐喻，暗指不正常的家庭中长大的孩子没有接受道德教育，具有强烈的种族和阶级的色彩。此后，超级捕食者的隐喻最初在法律领域中只是刑事被告的许多刻板印象中的一个，但是这个隐喻以及由它引起的貌似科学的故事变成了制定和执行有关法律的解释框架，影响了美国从立法到执法、起诉到审判法院的判决等各个方面。某些青少年罪犯是超级掠夺者的隐喻一直是联邦和州法律以及有关青少年犯罪政策的推动力量，体现了社会把犯罪性行为看作犯罪分子个人内在"罪恶"、而不是一个社会问题的认识论。二十多年之后，在米勒诉阿拉巴马州案中，美国最高法院才否决了对未成年人判处无期徒刑、并且不得假释的规定，在判决中提出了这个消极隐喻。

另一个非常普遍而又具体的隐喻是男人是女人的保护者，早在 1873 年伊利诺斯州的布雷维尔诉伊利诺斯州案中，最高法院的布雷德利法官就是用使用了这个隐喻：

> 民法，以及自然法本身，总是认识到男女各自身体方面和命运的巨大差异。男人是，或者应该是，女人的保护者。属于女性的自然和适当的胆怯和微妙，显然使她们不适用于从事公民生活中的许多职业。①

———————

① *Bradwell v. Illinois*, 83 U. S. 130(1873).

这个法律隐喻的影响至今依然存在。1998 年,有关儿童监护权纠纷的扬诉海柯特案中,夫妇分居后,二个孩子主要由失业的父亲继续照顾,而且父亲坚持认为诉讼发生的过去三年中,他是"主要监护人"。上诉法院所说,"初审法庭对这一论点有一定程度的怀疑,因为它有权这样想"。[①] 事实上,初审法院和上诉法院无法接受父亲不在家庭之外从事一份传统工作的事实,驳回了这位父亲的诉讼主张,坚持认为父亲应该是养家糊口的人,母亲是照顾孩子和受保护的人。

从这两个例子可以发现,这类隐喻必须与人们的日常认知有很高的相似性,与他们的理解一致,从而建立直接联系。作为施喻者的法官从普通人的角度对隐喻进行解释。例如,联邦法院拒绝接受当事人主张自动贩卖机应被视为独立的零售商店,以获得联邦公平劳动标准规定的豁免资格的主张,认为这个类比没有意义,因为这与现实不符。自动贩卖机不是独立的零售商店一样,只是单一企业提供零售服务的"无声的自动销售人员",这些机器不是独立的实体,而是"操作人员的机械手臂",它们仍然直接向客户销售。[②]

本节的实例深刻揭示了法律隐喻和社会现象的认知关系。法律是一种抽象的社会现象,需要通过隐喻不断地从物质世界、物体、身体和空间领域中借用人类已有的经验和知识,描述和谈论新的抽象事物或概念,使法律现象和法律问题"具体化",以便法官和人们谈论它、思考它,最终用已有的法律规定解决这些新问题和新

---

① *Young v. Hector*, 740 So. 2d 1153 (Fla. Dist. Ct. App. 1998).
② *Bogash v. Baltimore Cigarette Service*, *Inc.*, 193 F. 2d 291(4th Cir. 1951).

冲突。在这个过程中，法律用隐喻重新解释新的社会问题，有意识地表述期望实现某种特定法律效果的一种方法和心理模式。法律"具体化"的一个结果是，法律也是由隐喻和语言操作构成的、存在于人们头脑中的认知方法。

二、法律隐喻的认知图式

经验主义作为认知语言学的两大哲学基础之一，强调经验在人们认知中的重要性，认为人类对意义的认知来自于人们的经验，这种经验包括人们作为个体的身体经验和社会经验。[①] 换言之，经验包括人们在认识客观世界的过程中与一切事物相互作用而产生的全部经验，包括物理的、生理的、社会的、文化的、情感的等各种经验。

经验是意象图式的基础。"意象图式是在人们认知的相互作用和运动中反复出现的模式，使人们的经验有连贯性和结构"[②]。意象图式极强的灵活性使它能适应相似但又相异的许多情景，因此意象图式与隐喻有密切的联系，"隐喻的映射用与目标领域的内在结构一致的方式保留了源领域的认知结构，也就是意象图式结构"[③]，"隐喻使意象图式映射至抽象的领域，并保持意象图式原有的基本逻辑，隐喻不是任意的，而是以人体的经验所产生的结构为理据的"[④]，"意象图式和隐喻制约着人们的意义和理解，即二者建

---

① George Lakoff，1980：267.
② Mark Johnson，*The Body in the Mind: The Bodily Basis of Meaning, Imagination, and Reason*，Chicago：University of Chicago Press，1990：xiv.
③ George Lakoff，*The Contemporary Theory of Metaphor*，Cambridge：Cambridge University Press，1993：215.
④ George Lakoff，1980：275.

立了某些理解和推理的模式"①。在这个认知过程中,源领域的结构通过与目标领域一致的方式被映射保存下来,与目标领域不相符的隐喻蕴含没有映射过来。人们处理抽象或者不熟悉的现象时,源领域的逻辑很可能自己映射到目标领域,根据源领域的结构产生一套比较完整的推理。但是,处理熟悉的现象时,源领域和目标领域有自己的逻辑,产生意象融合。

意象图式是人们认知运动经验中不断出现的模式,通过这些模式,人们获得事物的体验和原因,也能用来帮助建构抽象概念,对思维中的抽象领域进行推理。因此,认知语言学中,意象图式的一个重要作用就是许可和限制一个概念向另一个概念的映射,隐喻的源领域概念和目标领域概念必须共享意象图式结构。②

意象图式有三个方面的重要特征:第一,意象图式是人们用身体来体验对人具有意义的重要内容,感觉到运动经验中不断重复出现的建构物和模式的意义。第二,意象图式结构有逻辑性。第三点,意象图式不能仅仅理解为是心理的,或者身体的,而是杜威所谓的身心结构。意象图式来自人们不断重复出现的感知和身体活动,有自己的逻辑性,可以应用到抽象概念领域。意象图式的逻辑性成为对抽象实体和活动进行推理的基础,能使人们利用自身的感觉运动经验来完成抽象实体和较高水平领域的认知活动,利用人们身体经验的各种来源来进行抽象思维。

莱科夫和约翰逊对图式这个词语的最初描述明确突出了这种身体方面的感知:意象图式是人们日常身体体验中不断重复再现

---

① Mark Johnson,1990:137.
② Markus Tendahl, *A Hybrid Theory of Metaphor: Relevance Theory and Cognitive Linguistics*, UK: Palgrave Macmillan, 2009:146.

的比较简单的结构，如容器、路径、连结、力量、平衡，以及各种方向和关系：上下、前后、整体与部分，中心与边缘等等。约翰逊提出的某些图式说明了这种图式与物质经验的清楚连结：整体与部分、中心与边缘、连接、联系、支持、平衡和容器。① 以这些理论为依据分析英美法律解释中常见的几种认知图式，对于理解许多法律问题的推理逻辑很有意义。

1. 连接图式

"没有连接，我们不可能成为人。我们通过脐带与母体连接，获得营养，维持生命，降临到世间"②。这种身体经验形成了连接图式的基础，这个图式提供了用隐喻解释生命的基础：人们与世界的联系就是连接。连接图式由两部分组成：甲和乙通过一个连接物联系起来，而这个连接物就是一种身体体验。每一个隐喻都借助一种经验基础连接起来，达到了理解的目的。

法律普通话语中，"诉权或主体资格"③被视为一个特定的法律术语，一个概念或原则的标记。但是主体资格的许多内容都能用隐喻和它们与人类认知的关系来理解。它的起源无疑来自法庭的实践行为：如果诉讼当事人能站在法庭上，法院将审理他的案件。因此，"站立"是法院斟酌诉讼当事人主张时一个自然而然的隐喻，人类的生活经验激活了这个隐喻。

"主体资格"隐喻是神话，已经成了"字面意义的真理"，引导或

---

① Joseph E. Grady, *Image schemas and perception: Refining a definition*, Beate Hamped., *From Perception to Meaning：Image Schemas in Cognitive Linguistics*, Berlin. New York：Mouton de Gruyter，2005：37-38.
② Mark Johnson，1990：117.
③ "standing"在英美法中兼有"诉权，主体资格"的意义，但法律词典，如《元照英美法词典》中都没有"主体资格"的注释。

者误导了英美法律人对审判的看法。它引导法院的审判见解符合嵌入在隐喻中的两个不同的"真理"，而且又把它们作为一个来理解。第一个是个人主义的"真理"：个体独自站着、站起来、站在一边、站出来、鹤立鸡群。这个隐喻是透镜，法院通过它考虑谁享有权利和谁可以主张这些权利。通过它，法官不仅看到了碎片化社会中互不联系的个体，而且这个视角模糊了个体只是作为团体或者更大的利益共同体中一分子的事实。它遮掩了相互依赖的世界中人们思考如何最好地保护和实现这些利益的能力。用这个隐喻建构的法律世界中，没有森林，没有生态系统，只有树木，只有"站立"的树木——作为个体的人。

这个隐喻中嵌入的第二个"真理"是个体必须与他援引管辖权的法院有某种关系：法院只考虑如果当事人有资格，他必须主张什么。这种观点影响了法官的看法，使他们关注当事人身份和法律的普遍概念之间的关系。

大法官马歇尔的时代，主体资格这个术语就在使用，第一次被作为隐喻来描述当事人之间的法律关系。林德戴尔遗嘱执行人诉罗宾逊遗嘱执行人案涉及债权人的优先顺序，法院认为"负有连带责任的担保人继承主债务人的法律诉讼资格"[1]。加洛韦诉芬利案是一个撤销土地购买合同的衡平法诉讼，法院认为如果买受人得知出卖人产权有瑕疵，"他对出卖人提出诉讼时，法院不可能让他获得土地，让他废除协议……"[2]。

法院最后使用"主体资格"这个术语来说明当事人的法律地位，最常见的情形是美国最高法院用这个隐喻来证明当事人对案

① *Lidderdale's Executers v. Executor of Robinson*, 247. 25 U. S. （12 Wheat.）594, 596(1827).
② *Galloway v. Finley*, 249. 37 U. S. （12 Pet.）264,296(1838).

件事实缺乏权利主张,就像在路易斯安那土地购置案中,那些以前具有西班牙产权的人在一系列案件中提出土地索赔时法院判决的那样。国会曾经规定产权必须得到联邦委员会的确认,但许多北美殖民地最初的定居者没有获得这样的权利确认,于是法院用"主体资格"这样的术语裁定不支持他们的主张。里奇诉富兰克林县案中,法院拒绝当事人对案件事实的请求时,用这个术语指代权利请求人,而不是请求权。李斯鲍伊思和里奇案中,法院用它来表示输掉了有关事实真相的诉讼。法院调查事实真相明显是为了确定"主体资格"。利文斯顿诉斯托雷案中,法院也用它来解释当事人应当遵守宪法第三条规定的、以当事人为依据的标的物管辖权①。如切诺基部落诉佐治亚州案中,最高法院使用了隐喻,使判决很有特点:"按照司法法,切诺基部落不能被理解为一个外国政府,因此,在法院没有诉讼资格"②。

"主体资格"这个术语在十九世纪出现了第三个用法,第一次出现在关于公共妨害的衡平法案件中。乔治城诉亚历山德拉运河公司案中,主体资格的意义不是学理方面的,而是认知的。判决书的结尾,法院告诫:

> "上诉人似乎已经提出了一个与自己有关联的观点,乔治城的市政官员要照顾和保护公民的各项利益⋯⋯,但是⋯⋯以自己的名义起诉,并且成为案卷中当事人的自然人必须自己对标的有利益关系"③。

---

① *Livingston v. Story*, 36 U. S. (11 Peters) 351, 414 (1837) (Baldwin, J., dissenting).

② *Cherokee Nation v. Georgia*, 30 U. S. (5 Pet.) 1(1831).

③ *Georgetown v. Alexandria Canal Co.*, 37 U. S. (12 Pet.) 91, p99 - 100(1838).

尽管这段话出现在一个只是关于衡平法救济原则的案件中，但它的语言预示了后来宪法原则中主体资格的意义，因为乔治城案和后来的同类案件拒绝了衡平法以部分—整体图式为前提的代理模式，市政当局引用代理模式与市政法人的理念一致，这个术语本身就是一个有关人体的部分—整体隐喻。但是，法院只是否定了上诉人用"乔治城的市政官员"身份起诉的这个权利主张。在十九世纪，美国法院的"法庭诉讼资格"这个习语用来解释当事人从法院获得衡平法救济的权利时，主要问题是诉讼当事人要提出一个衡平法提供救济的某种权益或权利，这暗示主体资格是一个管辖权问题。

富星汉姆案和海尔查德案的时代，最高法院竭力把主体资格从管辖权的观念中解脱出来。1926 年，最高法院写道，认为"原告寻求衡平法的救济，是否具有必要的主体资格是一个需要事实真相的问题，它的决定是使用管辖权。如果主体资格的解决不利于原告，恰当的裁定是因缺乏事实真相而驳回，而不是缺乏管辖权"①。

这个隐喻的本体效应过于强大："法庭上的诉讼资格"听起来像管辖权问题，因为站着是接受法院审判的前提。大法官霍姆斯、珀米洛伊和最高法院确实用隐喻进行争论，但是输了。按照宪法第三条，在更重要的可裁判性意义上，主体资格成为一个管辖权问题。

宪法制定者的时代，可裁判性的概念用三段论这种形式主义术语来表述："当事人用法律规定的形式主张自己的权利，接受司法权的管辖时，司法权才能有所作为，然后它成为一个案件"②，而

---

① *General Inv. Co. v. New York Cent. R. R.*，271 U. S. 228,230 - 231（1926）（citations omitted）.

② *Osborn v. Bank of the United States*，22 U. S. （9 Wheat.）738,819（1824）See Ibid.，1396.

不是用主体资格这个词。因此，法庭上，法院调查起诉的案件是否符合某种法律规定的诉讼形式。

按照十八世纪的普通法，权利与救济同义，救济和诉讼形式同义，按照代数逻辑，诉讼形式与可补偿的损害概念同义。① 这种可裁判性标准反映了普通法在私权程序和实体诉讼形式方面的影响。法律是一套规则，被用来解释公民权利，而且为受害人提供一致的、同等范围的救济措施。主体资格当了这种制度的看门人。

2. 部分—整体图式

转喻，或是传统上修辞学家们称为提喻的那种转喻，指人们用一种存在物来解释另一个相关的存在物，或者用部分指代整体。虽然隐喻和转喻是不同的修辞过程，隐喻主要用另一物来认知某一物，主要目的是理解，而转喻主要是所指目的，使人们用一个存在物来代表另一个存在物，但是转喻具有隐喻的某些功能，在某种程度上相同，而且它使人们更关注所指事物的某一方面。与此同时，转喻又不仅仅是一种所指手段，也具有提供理解的功能。在部分代表整体的转喻中，某物的许多部分可以代表物的整体，人们选择哪一部分决定了人们关注整体的那一部分。这些类型的转喻与隐喻概念一样，都是有条理的。转喻形成的概念不仅建构语言，也建构思想、态度和行为。转喻概念和隐喻概念一样，都来源于人们的经验。事实上，转喻概念的喻底通常都比隐喻概念的喻底更明显，因为它一般涉及到直接的物理或因果联系。

十七、十八世纪，虽然普通法的诉讼形式主导了当时的法律程

---

① 马布里认为制宪者的"当代法理思维模式"似乎用1∶1的系数把权利和救济连接起来。参见 *Bivens v. Six Unknown Agents*, 403 U. S. 388,400(1971)。

序和法理学思想,但它们没有穷尽所有的诉讼形式,还有其他问题,它们具有"司法权能够对其做出裁判的某种形式问题"。这些问题既不符合普通法中私权利模式的七种诉讼形式的特征,也没有现代诉讼原则"事实损害"范畴的特点,呈现了与"无主体资格"的公诉或者"刑事自诉律师"模式极为相似的形式,但当时的诉讼法律制度反对这些形式。

根据当时英国的习惯,针对政府违法行为的"无诉讼资格"诉讼可以借助王室法院签发的执行职务令、禁制令、调卷令等特权而提出。这些令状没有一个含有只有个体才能是权利使用者的观点,它们不同于普通法的令状,不是用来源-路径-目的的图式建构的,只能用部分—整体图式来理解:王室法院代表国王(政府的全部)监督下级部门(各个部分),有点像大脑控制身体。事实上,恰恰法院使用这个隐喻,把执行职务令描述为"王冠上的一朵鲜花……"[①]。

私权利模式需要两个来源-路径-目的图式,一个用来建构模式的对象,另一个建构模式使用的审判程序。类似地,特权令状体现的公权利模式需要两次使用部分—整体图式来建构审判程序。任何部分(公民)都能援引整体的权力来保障他人遵守法律,任何部分都能代表整体,这是法律上的转喻。这种模式因此不需要损害或者"诉讼资格"。普通法上,这些令状在非当事人诉讼中使用:原告作为公民没有直接的利益关系,这并不要求法院忽视原告的申请,相反,由于这些令状援引王室的自由裁量权,法院有权评议或者撤销救济。[②]

---

① Steven L. Winter, 1987 - 1988:1398.
② S. A. DeSmith, *Judicial Review of Administrative Action* (5th ed.), London: Sweet & Maxwell, 1995:366 - 367.

历史上，英国的告发人程序也适用于衡平法中，规定了这种部分—整体转喻的形式化程序。有关公权利或公共义务的争议中，如果英国总检察长能代表国王起诉，那么任何人可以寻求特权令状或者以总检察长名义提出禁制令之诉。① 诉讼当事人，或者告发人，只需获得总检察长的授权或许可使用他的名字，这种许可理所当然会被批准。告发人一旦获得许可，就自担费用，无需总检察长指示，提出诉讼。② 所以，作为一个历史上的习惯问题，告发人诉讼把司法救济的使用延展适用于没有受到诉讼影响的行为人，允许任何人以整体的名义和权力到法院代表整体利益进行诉讼。

一个真实的例子是英国 1424 年的一个有关惩罚海关职员侵吞商人税款的不成文法规定，如果任何与交易无关的举报人代表自己和国王起诉，而法院决定对海关职员处以三倍罚金，如果胜诉，举报人获得三分之一的判决金额。这种方法适用于政府官员在行政或刑事执法的情形，也用于政府官员执行法律职责时。在其他情况下，这与私权利无关。例如，英国议会在后来的成文法中规定，如果官员没有宣誓效忠政府，举报人能获得 500 磅。③

英国的这些公权利模式做法作为"殖民地法院和威斯特敏斯特法院的管辖事项"，对美国的宪法缔造者而言非常熟悉。④ 海伯恩案说明，虽然美国没有告发人惯例的具体诉讼形式，但是公权利模式的部分—整体图式被美国所接受。⑤ 该案中，总检察长伦道

---

① *Black's Law Dictionary*，8th ed.，4030.
② Lord Hailsham of Marylebone ed.，*Halsbury's Laws of England*，London：Butterworths，1982：230 - 231.
③ Wilfrid Prest ed.，*Commentaries on the Laws of England*，Oxford：Oxford University Press，2016：160，262.
④ *Joint Anti-Fascist Refugee Comm. v. McGrath*，341 U. S. 123，150(1950).
⑤ *Hayburn's Case*，2 U. S. (2 Dall.) 409(1792).

夫向最高法院申请执行职务令,要求宾夕法尼亚联邦地区法院执行国会规定的向内战退伍老兵支付残疾抚恤金的法律。最高法院真正考虑的唯一争议是总检察长是否有权起诉一位曾经担任公职的政府官员。海伯恩案维持了以部分—整体图式为前提的另一个审判模式,这种模式无需提出具体的人身损害主张:伦道夫,整体的代理人,允许代表作为部分的海伯恩提出执行职务令的申诉。虽然该案损害了告发人诉讼的制度前提,但是美国法院继续受理以部分—整体图式为前提的同类诉讼,强调公共权利被侵犯或者造成普遍不公时,公民有责任,也有权利来提起诉讼。①

英属殖民地和美国各州在很多案件中使用了告发人制度的法律,包括行政法律和有关道德的法律。宪法缔造者发挥第一届国会议员的作用,制订了许多法律,创设和促进了告发人诉讼的主张。从 1834 年到 1986 年,美国历届国会继续用告发人诉讼这种模式来执行和设计有关公共权利的某些诉讼。

例如,美国衡平法以部分—整体图式为前提,发展了自己特色的构成模式:股东派生诉讼。在这一点上,法院用"管辖权"来解释,问题是衡平法能否根据股东作为部分提出的请求来防止对作为整体的法人实体造成损害的违法诉讼。这是一种派生诉讼,因为各构成部分的请求权是以适用于法人实体的来源-路径-目的图式为前提,以此用来提出公司损害的问题。上诉到最高法院的第一例股东诉讼是道奇诉伍尔西案,原告对公司的一项州税赋提出反对意见。最高法院引用了部分整体隐喻,指出"英国和美国的衡平法院,根据一个或一个以上公司成员的请求,对整个公司都有管辖权"②。

———————————

① Steven L. Winter, 1406.
② *Dodge v. Woolsey*, 59 U. S. (18 How.) 331, 341(1856).

3. 路径图式:来源-路径-目的

图式反映人们在客观世界里的运动经验和对其他事物移动的感知。日常生活中,人们的每一次运动,都始于某一个地方,结束于同一个方向上与起点连接的另一个地点。① 这种图式是人们体验空间运动的结果,被用来理解人们的抽象经验部分。在日常生活中,如果人们为了实现某种目标,总要经历一个从某种初始状态到另一个最终状态的努力过程,这个过程类似于从一个点移动到另一个点的路径,于是初始状态或未实现目标前的状态就被理解为路程的起点,最终状态和目标是路程的终点,为实现目标所付诸的行动就是从起点到终点的移动。这个先于概念存在的经验用来源-路径-目的图式建立,成为从空间领域到抽象领域进行隐喻映射的基础。容器和路径是本源,建立了丰富的意象,在这个意义上,它们是意象图式。

美国侵权法中用一种特定的认知模式来解释个体和诉讼之间的关系,通过以来源-路径-目的图式为前提建构的两个隐喻形成一种普遍的侵权之诉模式:因果关系的来源-路径-目的隐喻和补偿性的来源-路径-目的隐喻。如果用因果关系图式的要件来确定诉讼的标的,被告的侵权行为是起源,因果链条是路径,原告的损害是目的。补偿性的来源-路径-目的隐喻实际上是因果关系隐喻的镜像:原告受到的损害是他提出法律诉讼的起源,诉讼的目的是获得法院对损害补偿的命令,连接它们的路径是原告证明被告行为造成了自己的损害。这两个来源-路径-目的隐喻的镜像特点产生了损害赔偿金和其他法律救济手段的概念,它们被用来"使原告

---

① George Lakoff,1980:275.

恢复到法律上的违法行为发生之前所处的状态"①。

这种模式是侵权之诉的理想认知模式。诉权的三要素标准注重损害、因果关系和可补偿性之间的关系,所以是从私权模式的起源-路径-目的图式推断而来的结果。这种简化的法律标准是"主体资格"隐喻本体效果的自然附带结果。此外,决定什么人有资格就决定了形成和建构社会的方式,在建构和制定法律关系的全部内容时,有关主体资格的法律必定规定分配权利和其他法律利益的方式。因此,诉讼资格问题也就是美国人的社会关系本质和他们维持社会的能力问题。它通过强化个人之间相互冲突的自我利益,同时又把人们的普遍利益融进了社会之中,对个体进行划分,最终结果是诉讼资格疏远人们之间的关系,于是人们控制不了政府,最终决定不了自己的命运。

此外,第三人权利的观念来自迪安·托马斯·库雷对各州执行职务令案件所做的解释。克拉克诉堪萨斯市案中,铁路公司对一部州法律豁免农业用地免于城市兼并提出质疑,认为该法对农业用地所有人和其他所有人进行区别对待,也在各种农业用地所有人之间进行区别对待,这违反了平等保护条款。法院引用托马斯·库雷和斯坦利的论述来证明"法院不会听取一个权利没有受到影响、因此对败诉没有利益关系的一方当事人对行为合宪性的反对理由"②。该案中,法院使用了私权模式的来源-路径-目的隐喻:因为铁路公司没有遭受法定的损害,也就是没有补偿性请求的来源,所以铁路公司没有诉讼资格。

---

① Steven L. Winter, *The Metaphor of Standing and the Problem of Self-Governance*, 40 Stan. L. Rev. 1371,1388(1987－1988).
② *Clark v. Kansas City*, 176 U. S. 114,117－118(1900).

西蒙案中,最高法院用诉讼资格的三要素标准:事实上的损害、因果关系和可补偿性来驳回贫困者的主张,国内税务署有关501(c)(3)条免税医院规定的变化违反了法律的有关条款。① 按照法院的观点,当事人之间案件或争议的存在取决于两个方面的分析:被告被指控的行为是否造成了损害,有利的判决是否有可能对损害进行补偿。就这种分析的每一个方面而言,最高法院认为这种路径的联系不确定:医院或许已经决定,由于其他原因或者税收因素,拒绝对穷人提供医疗。在那种情形下,法院命令恢复执行国内税务署规定的任何裁决(需要把穷人作为具有慈善条件的待遇)都不会给原告带来期望的结果,因为医院或许决定放弃税务利益来避免提供服务。

4. 平衡图式

莱科夫和约翰逊的认知隐喻观认为,隐喻是概念图式从一个领域向另一个领域的投射或者映射,人们通过对前者的理解方式形成后者的概念。古德曼称图式是单个基本隐喻表现的语言多样化,按照康德的哲学意义,人们理解隐喻就是图式。约翰逊从哲学角度认为这种"基本图式"的起源就是人们身体经验形成图式的行为。② 人们与周围世界交往的实际能力创造了思想中的图式表征,使我们把图式应用于其他情景,最后的结果是图式形成概念。例如,"平衡"概念的发展起源于人类基本的身体体验,人们在生命

---

① 美国国内税务署最初裁定,如果医院没有对贫困人口提供某些免费医疗服务,就会被排除在"慈善"医院的解释之外。新的判决明确说明,虽然受益人阶层不包括社区的贫困人口,但促进社区卫生健康本身就有慈善性质。

② Mark Johnson, *The Body in the Mind*, Chicago: University of Chicago Press, 1987.

之初学着保持身体平衡、学着站立,然后,人们从视觉角度学着识别其他物体通过维持平衡而立起来,发现了重力与各种坐标和点的对称和不对称,最后产生了非常抽象的概念,例如数学等式,试着把这样形成的图式以更抽象的方式使用:

> 我的主要观点是……隐喻投射从身体感觉(用它的表现图式)发展到心理、认识和逻辑领域。根据这个假设,我们应能发现人们身体平衡的经验和对平衡的认知以什么方式与人们对人格平等、观点相等、系统平衡、等式相等,力量对比,正义的天秤等联系。[1]

因此,用"平衡"图式可以表示许多对称关系的不同经验[2]。约翰逊在关于平衡物及物性的关系上,认为:

> 如果甲等于乙,乙等于丙,那么甲等于丙。假设甲在左手,乙在右手,它们相等。现在假设我用丙取代了甲,相等存在,也就是乙等于丙。然后,我马上知道甲和乙相等,尽管没用一个称另一个。[3]

在话语的语义结构中,人们能发觉概念领域之间不同程度存在的平衡关系[4]。民事和刑事司法制度建立在平衡的基本理念之

---

[1] Mark Johnson, *The Body in the Mind*, Chicago: University of Chicago Press, 1987, 87.

[2] Mark Johnson, *The Body in the Mind*, Chicago: University of Chicago Press, 1987, 97.

[3] Ibid.

[4] Elisabeth Cathérine Brouwer, *Imagining Metaphors: Cognitive represen-*(转下页)

上，法律论证吸纳了普通理性论辩的所有典型特点，正义的天秤以奇特的方式象征了这种概念。美国律师为了希望陪审团的裁决向他们倾斜，使用令人困惑的大量事实来支持自己有证明力的证词，罗列一个又一个的观点，增加公认权威的影响力，祭出法律传统的重要性。法律的正义被理解为恢复已经被违法行为破坏的合理平衡。按照某些虚构的计算，法官必须评估损坏的价值，决定与损坏和赔偿相等的惩罚性赔偿金。人们从语言上已经对这个司法隐喻的表现形式也进行了编码，例如"以牙还牙"，"罪刑相等"等等。

三、法律隐喻的观念特点

综上所述，隐喻以间接类比的方式，利用人们熟悉的概念，设法隐性地将推理和结果从一个领域转移到另一个领域，首先帮助人们了解如何看待和解释新信息，然后帮助人们决定如何处理它，不仅使人们更容易理解、解释和交流经验，也帮助人们预测接下来会发生什么。这些嵌入的隐喻概念无意识地影响法官对当前案件中人物和事件的直觉理解，而这种理解反过来又会引导决策者预测案件结果的最初倾向。在这种认知过程中，历史、文化和个人经历中普遍存在的故事和意象构成了人们在一段时间内构建的许多模式，所有的图式在认知角度都很有效率：把事物组合在一起，把它们分为不同范畴，帮助人们把重点放在重要的事物上，帮助人们知道把新信息置于明显恰当的时间和地点。当人们能够将新信息

（接上页）*tation in interpretation and understanding Copyright*，Amsterdam：Institute for Logic，Language and Computation Universiteit van Amsterdam，2003：36.

融入到一个长期熟悉的图式中时，就能无意识地去推论，然后这种推论引导人们作出决定和行动。因此，它们无意或有意地指导人们的判断。

因此，词语会触发人的"图式"或与某个词的连接。这些图式可以是其他的词语、事件、印象和情绪。[①] 例如，人们的大脑使用"非法"这个词，就自动连接到"犯罪"和"违法"等词，这就是心理学家所说的"扩展激活"的例子。扩展激活是词汇启动的一个重要的说服性优势。通过扩展激活，人们的大脑会把读到或听到的语词和其他有联系的词之间快速连接起来。在任何决策语境中，隐喻可能会触发多个不同的图式。选择哪一种图式取决于许多变量，这给了施喻者一个机会，使他们或读者倾向于其中的一个或另一个。如果法律人专注于使用一个特定的词，就能使它获得解释某个问题的优势。因为通过使用一个已经存在、但之前没有与这个目标联系在一起的新特征或隐喻，法官就已经暗示了自己对判决的选择方案。

法律隐喻能帮助人们理解抽象的法律概念和新的法律思想，但也能钳制思想，带来过时、危险的法律语言和司法先例。基于这种观点，传统上，英美法学家和法官们对法律话语中隐喻的影响表示怀疑。但是，英美法系的历史也同样表明，承认和研究法律隐喻义不容辞，因为，接受还是拒绝法律中的隐喻、转喻和拟人将决定指导和支配法律的原则和规则。

过去二十多年中，英美法律学者的研究中隐喻的地位上升很快，出现了大量的研究成果，发现法律分析和推理、以及律师、法官和学者们关于法律的交流方式中，存在大量的隐喻，隐喻具有非常

---

① Linda L. Berger and Kathryn M. Stanchi: 114.

重要的意义。① 实际上，几乎所有的这些研究都赞同这个观点：法律隐喻对人们理解和使用法律概念的方式非常重要。这些研究已经促使法学界用一种新颖和建设性的方式来讨论传统法理学中法律分析和交际的本质，例如，斯蒂文·温特认为"隐喻的认知理解对坚持统治和扭曲当代法律思想的二元论观点提供了更真实的语用学选择方法"。法律传播的主流话语已经将这种认识付诸实践，评估了商业公司法中的隐喻如何不可避免地构建人们思考商业活动的方式。有些人甚至研究在美国抗辩制语境中如何解释和使用隐喻的理论。简而言之，不同于边沁和卡多佐的观点，隐喻逐渐被视为法律推理和交际中形成和表达知识想象力的一种重要方式。②

　　另一方面，认知心理学家和语言学家认为所有知识和理解在本质上都具有隐喻的特点③，隐喻对人们的思想和行为具有重大影响。法律话语中隐喻的使用有很强的说服力。法律隐喻构建话语结构，决定各种社会法律问题的合理范围和解决办法。法院和评论家把隐喻作为一种启发方式，用它思考和形成法律适用于各种新领域的假设，法律隐喻有意或无意地渗透到法律话语过程中，建构了法律职业人士认识和理解某些概念的方式；法官在审理案件时，可以用隐喻做出富有说服力和逻辑性的论证。④

---

① David T. Ritchie, *Who is on The Outside Looking in，and What Do They See？：Metaphors of Exclusion in Legal Education*，58 Mercer L. Rev.（Spring，2007），993.

② Ibid.，994.

③ George Lakoff & Mark Johnson, *Metaphors We Live By*，1980：3.

④ Jonathan H. Blavin，I. Glenn Cohen，Gore，Gibson，and Goldsmith：*The Evolution of Internet Metaphors in Law and Commentary*，16 Harvard Journal of Law & Technology（Fall 2002），266.

　　这种认知发展与英美法系的历史紧密相关。1989 年,托马斯·罗斯在《隐喻和自相矛盾》中开篇就写道:

　　　　"我们生活在一个法律的魔法世界中,留置权浮动,法人居住,思想开会,允诺随土地转移,溪流点缀着宪法的自然风景,围墙和毒树,这些神奇之物在天衣无缝的法律之网中生长。①"

　　法律隐喻概念弥漫在英美法律制度的每一寸肌肤中。为深刻理解和认识法律隐喻的功能,有必要从观念史②的角度详细研究某些美国法律制度中无处不在的隐喻概念,这对于深刻、全面地理解法律隐喻在美国法律制度中的重要性,在此基础上对其解释的说服力展开全面、细致的分析和研究都至关重要。因为,任何制度本身就是某个观念的化身或者说是固化了的观念③,人们通过观念表达某种意义,进行思考、会话和文本写作,从事社会交往,形成公认的普遍意义,并建立复杂的言说和思想体系。④ 并且,观念建构社会规则,而表达观念的话语"不只是描述事物,而且通过话语

---

① Thomas Ross, *Metaphor and Paradox*, 23 GA. L. REV. 1053,1053(1989). We live in a magical world of law where liens float, corporations reside, minds hold meetings, and promises run with the land. The constitutional landscape is dotted with streams, walls, and poisonous trees. And these wonderful things are cradled in the seamless web of law.

② 观念史研究一个观念的出现以及意义演变过程。参见金观涛、刘青峰:《观念史研究》,北京:法律出版社,2009 年版,第 3 页。

③ Nelson, Richard R. , and Bhaven N. Sampat, Making Sense of Institutions as a Factor Shaping Economic Performance, 44 Journal of Economic Behavior and Organization (2001),31 – 54.

④ 金观涛、刘青峰著:《观念史研究》,北京:法律出版社,2009 年版,第 3 页。

使用人对世界的了解,获得具体经验和行为的意义,进而继续行事"。① 对英美法中某些重要的概念进行纵向考察,可以帮助人们理解以隐喻形式表现的法律观念如何产生、发展和建构法律行为。

---

① Van Dijk, T. A., *Discourse as interaction in society*, in T. A. van Dijk (Ed.), *Discourse as social interaction*, London: Sage, 1997:1 - 37.

第四章

"分离之墙"

　　"分离之墙"是美国最高法院大法官们讨论最广泛的隐喻之一,也是经常引发他们争论和怀疑的隐喻之一。尽管美国法律人士普遍认为杰佛逊提出了政教分离的宪法原则,但是政教分离的观点并不是他首先提出的。罗格·威廉姆在 1644 年就谈到了政教之"墙"的观念:

　　　　"耶稣基督的许多见证人的虔诚劳动成果,依然在世,充分证明遵循《旧约》传统的犹太教,以及遵循《新约》传统的基督教,二者都与世俗分离。当他们在教会花园和世俗荒野之间的围栏或分隔墙打开了缺口时,上帝曾经亲手推倒了高墙,取走了蜡扦,使花园成为荒原,就像今天一样。因此,如果上帝愿意重建他的花园和乐园,必然一定把它与世俗世界以墙隔离;世俗世界应得到拯救的一切将从世俗的荒野中移走,添加到上帝的教堂或花园"①。

---

① See Haig Bosmajian, 1992：79. The faithful labors of many witnesses of Jesus Christ, extant to the world, abundantly proving that the church of the Jews（转下页）

158 年后的 1802 年，托马斯·杰佛逊写给丹伯利浸礼会教友联合会的一封信中第一次提出对美国宪法具有深远影响的"政教分离之墙"的观点：

> "（我）和您都相信，宗教是只存在于人类和上帝之间的事情。一个人无需对任何人解释自己的信仰和崇拜，政府的立法权只及于行为，不是观念。我以最高的敬意深思全体美国人的法律，它宣布美国的立法机关'不应制定任何建立宗教的法律或禁止宗教自由的法律'，于是建立了政教分离之墙"①。

马克·德沃尔夫·豪威尔一方面认为威廉姆之墙和杰佛逊之墙有区别，威廉姆之墙的存在是因为"担忧如果没有隔离荒野的坚固围栏，世俗的堕落会毁灭教会"，杰佛逊之墙的产生是因为他"非

（接上页）under the Old Testament in the type, and the church of the Christians under the New Testament in the anti-type, were both separate from the world; and that when they have opened a gap in the hedge or wall of separation between the garden of the church and the wilderness of the world, God hath ever broke down the wall itself, removed the candlestick, and made His garden a wilderness, as at this day. And that therefore if He will ever please to restore His garden and paradise again, it must of necessity be walled in peculiarly unto Himself from the world; and that all that shall be saved out of the world are to be transplanted out of the wilderness of the world, and added unto his church or garden.

① See Haig Bosmajian, 1992:77. Believing with you that religion is a matter which lies solely between man and his God; that he owes account t none other for his faith or his worship; that the legislative powers of the Government reach actions only, and not opinions, I contemplate with sovereign reverence that ac of the whole American people which declared that their Legislature should "make no law respecting an establishment of religion or prohibiting the free exercise thereof", thus building a wall of separation between Church and State.

常焦虑如果分隔墙不屹立在宗教和政府之间,个人自由将受到威胁";另一方面,他本人也认同政教分离的需要,系统阐述了对分离原则的信仰:"行政官员拥有的权力不得超出人民普遍同意授予他们的权力。精神和世俗的权力不得由一人行使。执法官对教会因民事不法行为而施加民事惩罚措施是合法的和必要的。"[1]

一

1879 年的瑞诺尔兹诉美国案中,墙的隐喻进入了最高法院的司法推理。维特大法官引用了托马斯·杰佛逊 1802 年的信件内容之后,认为"这(政教分离)确实来自于一位公认的领袖,它几乎作为因此而制定的宪法修正案范围和效力的权威性宣告而被接受"。

1944 年的美国诉巴拉德案明显禁止政府进入威廉姆的"花园"。该案中,美国邮政署主张的诉讼请求是"欺诈的"宗教主张。巡回上诉法院裁定有关被上诉人陈述宗教教义和信仰的真实性的问题应当提交陪审团裁决,大法官道格拉斯对此所做的答复是:"我们并不赞同被上诉人宗教教义或信仰的真实性应当提交陪审团。无论本案具体的控诉要求什么,第一修正案阻止了这样一个做法,就像美国承认的那样。"然后,道格拉斯引用了 1872 年最高法院在华生诉琼斯案判决中出现的一个拟人修辞,写到:"'法律不认识异端,坚定地不支持任何教义,不建立任何教派',……第一修正案有两层含意。它不仅'预先阻止法律强制接受任何宗教信条或任何形式的宗教崇拜活动',而且'保障特定形式的宗教活动自

---

[1] Mark Dewolfe Howe, *The Garden and the Wilderness*, Chicago: Chicago University Press, 1965:6 - 11.

由'，……第一修正案保护人们坚持关于生和死、以及来世的看法的权利，这对正统信仰的信徒而言是不折不扣的异端邪说。对异端的审判对美国宪法来说是不适合的。（那样做），人类可以信仰他们无法证明的现象。[①]"

埃默森诉教育委员会案中，杰佛逊的分离之墙第二次体现在最高法院的判决书中，但却有些讽刺意味。最高法院的判决结果认定新泽西州的资金可以用来补偿家长支付孩子在教会学校上学的交通费，这并不违反政教分离的原则。布莱克法官引用了瑞诺尔兹案中杰佛逊的隐喻之"墙"，认为"第一修正案已经建立了政教分离之墙。那堵墙必须高不可攀，我们不能同意任何最轻微的违反行为"，而且详细阐述了政教分离的含义：

> 第一修正案的"政教分离"条款至少说明这一点：州或联邦政府都不得建立宗教，不得制定法律帮助某个宗教或所有宗教，或喜欢某个宗教而不喜欢另一个宗教；不得强迫或影响某个人违背个人意愿参加某个或推动某个宗教，或公开表示信仰或不信仰某个宗教。任何人不得因参加宗教活动或不参加宗教活动，接受或表明信仰或不信仰宗教而受到惩罚。不得征收任何税款，无论多少，来支持任何宗教活动或组织，无论它们是何名称，或无论它们采取何种形式来传播教义或从事宗教活动。州或联邦政府不得公开或秘密地参加任何宗教组织或团体的任何事务，反之亦然。用杰佛逊的话说，依法反对建立宗教

---

① *United States V. Ballard*, 322 U. S. 78, 79 - 86(1944).

的条款意图建立"政教分离之墙"①。

　　该案中四名持反对意见的法官同样以杰佛逊的分离之墙来阐述自己的观点,引用了杰佛逊制定的弗吉尼亚州宗教自由法,认为他们不能"相信那些言辞的伟大作者,或者把它们制定为法律的人,可能已经支持了这个判决。弗吉尼亚州宗教自由法和第一修正案建起的政教分离之墙,现在根据第十四修正案的规定适用于所有的州,今天没有昨天那么高耸或无懈可击。得到最高法院维持的新泽西州法是第一部法律,如果事实上它不是第二部因最高法院采取的行为而违反该原则的法律"②。

二

　　这似乎预示着分离之墙一开始就面临着支持或反对的两难境遇,注定不断折磨着法官们的智力与神经。事实上,后来的许多案

---

① *Everson v. Board of Education*, 330 U. S. 1,15 – 18(1947). The "establishment of religion clause of the First Amendment means at least this: Neither a state nor the Federal Government can set up a church. Neither can pass laws which aid one religion, aid all religions, or prefer one religion over another. Neither can force nor influence a person to go to or to remain away from church against his will or force him to profess a belief or disbelief in any religion. No person can be punished for entertaining or professing religious beliefs or disbeliefs, for church attendance or non- attendance. No tax in any amount, large or small, can be levied to support any religious activities or institutions, whatever they may be called, or whatever form they may adopt to teach or practice religion. Neither a state nor the Federal Government can, openly or secretly, participate in the affairs of any religious organizations or groups or *vice versa*. In the words of Jefferson, the clause against establishment of religion by law as intended to erect "a wall of separation between church and state"

② Ibid. , 29.

件也证明了这一点。1947年的麦克考拉姆诉教育委员会案中，布莱克法官在判决书中认为"……如果解释正确，第一修正案已经建立了政教分离之墙。……第一修正案依据这样一个前提，如果宗教和政府在各自的范围内互不影响，就能最好地努力实现自己崇高的目标。或者，如我们在埃默森案中所言，第一修正案已经在宗教和国家之间建立了分离之墙，这道墙必须高不可攀"。该案判决伊利诺伊州尚佩恩县让宗教教师每周一次到公立学校为希望学习宗教科目的学生提供宗教教育的做法违反了政教分离条款，清楚证明了对政教分离原则的虔诚。弗兰克福特明确主张："分离就是分离，不是其他什么。杰佛逊说明政教关系的隐喻谈到'分离之墙'，这不是一个容易超越的完美界限。我们重申我们坚定的信仰：

> "我们用国家的生存来保证政教的彻底分离对二者都是最好的'。……如果其他方面不是这样，但在政教关系中，'篱笆扎得牢，邻居处得好'"①。

二十年后，布莱克在教育委员会诉艾伦案中认为②：

> "第一修正案反对政府建立宗教的禁止性规定依据这样一个假设：政府对宗教和宗教学校的帮助引起不一致、

---

① *McCollum v. Board of Education*，333 U. S. 203,212-232(1948). We renew our conviction that we have staked the very existence of our country on the faith that complete separation between the state and religion is best for the state and best for religion. If nowhere else, in the relation between Church and State, good fences make good neighbor.

② *Board of Education v. Allen*，https://caselaw. findlaw. com/us-supreme-court/392/236. html.

不和谐、仇恨和人们之间的不和,并且提供这种帮助的任何政府在某种意义上是专制政体。我依然相信在这个国家保护宗教少数团体不受多数团体欺凌的唯一出路是保持政教分离之墙如第一修正案的规定一样高不可攀。本案中,最高法院确认这种假设仅仅预示着不利于美国的宗教平静"。

但也有法官反对使用这个隐喻。大法官斯图尔特对最高法院依赖隐喻之墙表示不安。1962年的恩格尔诉维泰利案中,他声明"在本案和宪法宣布的所有方面,个人认为最高法院的职责是履行义务,对'分离之墙'之类的隐喻未经批判性援引,不得使用。这是一个在宪法中无迹可寻的短语"①。一年后的阿宾顿学区诉斯科姆普案中,斯图尔特又声明了对墙之隐喻的反感:"这种事情仅仅是第一修正案的两个相关条款不能准确体现在枯燥乏味的隐喻中,究其本质,隐喻会扭曲而不是揭示特定案件的问题"②。

大法官伦奎斯特的批评最为坦率。在华莱士诉杰弗瑞案中,他的反对意见主要用来攻击、说明墙之隐喻毫无用处:"无论是由于缺乏历史的支持或者实际上的不切实际,埃默森案的'墙'作为宪法宣告的合理指导规则已经证明是毫无用处的","'政教分离之墙'是以错误的历史为依据的隐喻,一个作为判决指导规则被证明毫无用处的隐喻"。在反对意见的开头,伦奎斯特也发动了攻击:"不可能把宪法规则建立于宪法历史被错误理解的基础之上,但不幸的是,政教分离条款已经被明确搭载于杰佛逊令人误解的隐喻中近四十年了"③。

---

① *Engel v. Vitale*, 370 U. S. 421,445 – 446(1962).
② *Abington School Dist. V. Schempp*, 374 U. S. 203,309(1963).
③ *Wallace v. Jaffree*, 472 U. S. 38,92,107(1985).

　　有些法官在不同案件中都对这个隐喻的态度始终如一。大法官斯蒂文思在 1976 年的沃尔曼诉沃尔特案和 1980 年的公共教育和宗教自由委员会诉里根案中,都为分离之墙辩护。

　　有些法官用其他的隐喻来反对这个隐喻。在麦克勒姆案中,里德法官虽然主张"法律不应该来自修辞",但通过使用以比喻为根据的几个论点,包括隐喻和拟人,做出了自己的抉择:"……实际上,将来的案件一定遇到不仅是已决判决而且是判决书使用的语言相互交叉重叠的情况。……就政教分离而言,法律的禁止性规定没有阻止政教之间的每一个友好动作……,宪法不应当通过法院采取行动做出某些调整来逃避联邦课税的方式被引申用来禁止国家的各种习惯行为。[①]"

　　1969 年的沃尔兹诉税务委员会案中,首席大法官博格依据的不是隐喻式的墙,而是隐喻式的其他不太牢固的屏障,主张"在这方面,宪法中立的航向不可能是直线","遵守来自于政教分离和宗教自由条款相互通融的中立政策已经防止了这种参与,它使平衡发生倾斜,趋向于政府控制教会或政府限制宗教活动","引发公立教育部门与教会有关学校之间行政关系的许多方案本身就存在各种风险。冒着这些方案本身就有的风险,我们已经能够绘制航线,保持了宗教团体的自治和自由,同时又避免宗教貌似成为国教。这是'走钢丝',我们已经成功越过"[②]。

三

　　隐喻式的墙在法庭之外也受到了学者、神学家和其他人的批

---

① *McCollum v. Board of Education*, 333 U. S. 203, 255 - 256(1948).
② *Walz v. Tax Commission*, 397 U. S. 664, 669 - 672(1969).

评和辩护。罗伯特·哈金斯批评这个隐喻,写到:"这堵墙已经做了墙通常做的事情:它已经模糊了观点……,被作为一个理由提了出来。但它不是理由,是修辞"①。另一方面,哈罗德·费,《基督世纪》的前任编辑,为隐喻辩护:"在杰佛逊使用它时,'墙'这个词指一种区别,一种限制,是资格和权威方面的一个定义。……它澄清而不是混淆思想,鼓励而不是阻止公民之间的对话。②"这种争论一直在继续,"分离之墙"这个隐喻在不同的案件中被界线、门、叉、盾牌、牵连、骆驼的鼻子、羊皮纸等各种隐喻所取代,但这些隐喻没有一个传递墙的牢度和坚固,无法把俗世的牛关在花园之外,或者把教会的牛圈在荒原之外。③

　　客观讲,无论美国人对这堵墙持哪一种看法,这个隐喻已经成为有关美国政教关系司法判决中一个重要的、有争议的问题。虽然斯图尔特大法官提醒墙的隐喻"在宪法中无迹可寻",但需要记住"思想的市场"在宪法中也难觅踪迹。两个隐喻也都成为法院做出关于第一修正案的判决时使用的"标准"和"原则"。虽然分离墙偶然破败不堪,但还是一个有意义的隐喻。大法官斯蒂文思暗示需要"重建第一修正案的起草人构建的政教之间'高不可攀'的墙"④。

① Robert Hutchins, *The Future of the Wall*, Dallen Oaks, ed., *The Wall Between Church and State*, Chicago: The University of Chicago Press, 1963:19.
② Harold Fey, *Problems of Church and State in the United States: A Protestant View*, *The Wall Between Church and State*, Chicago: The University of Chicago Press, 1963:37.
③ Haig Bosmajian, *Metaphor and Reason in Judicial Opinions*, Illinois: Southern Illinois University Press, 1992:94.
④ *Pearl v. Regan*, 444 U.S. 646,671(1980).

第五章

市场隐喻

根据《牛津英语词典》的定义,市场是"在固定的时间和地点向公众开放的、供人们买卖货物和牲畜的汇合地点;货物交易的时间,也指上述会面点的人群"。《韦伯斯特国际词典(新编第三版)》这样解释市场:"人们在固定的时间和地点通过私人交易而不是拍卖、为运输(如牛、食品或货物)而聚集的地点。"然后,市场被首先定义为"城镇中进行交易或公开买卖的开放广场或地方",其次,"无形的价值观(如思想)争取人们接受的范围"。不难理解,从字面意义上讲,人们从来没有一个买卖思想的市场。

"思想市场"是司法判决过程中引用次数最多、影响最大的隐喻之一,被法官们无数次用来捍卫公平原则、批评图书审查、捍卫结社自由、批评教育领域的各种正统观念。

一

斯坦利·英格博认为,"学者和法官经常用'思想市场'的意象解释和证明第一修正案中言论自由和出版自由的合理性。虽然思想的竞争和激烈辩论的意象可以溯及到英国哲学家约翰·弥尔顿和约翰·斯图亚特·密尔的思想，大法官霍姆斯在1919年埃博拉姆斯诉美国案的反对意见中，第一次把这个概念引入到美国法理学中"①。

出版自由与隐喻的关联最初与市场无关。1644年，在《论出版自由》中，在反对英国要求出版物出版前接受政府审查批准的许可法而进行的辩论中，弥尔顿借用了比喻来创造格斗、身体接触和战争的各种意象，而不是买卖行为。在"演讲"的开头，弥尔顿主张："甚至，在另一方面，除非谨慎到消灭一本好书就像杀死一个好人一样。杀人的人消灭有理性的生物，上帝的化身；但是消灭一本好书的人摧毁了理性。"②该书中最著名的一句话是真理和错误与身体格斗发生关联，但不是在市场的商业自由交易中，"虽然各种学说流派可以在大地上自由传播，然而真理却已经亲自上阵，如果我们怀疑它的力量而实行许可制和查禁制，那就伤害了它。让它和虚伪交手吧。谁又看见过真理在自由公开的交手时吃过败仗呢。它的驳斥是最好、最自信的压制"。几行之后，弥尔顿进一步阐述了格斗的隐喻来支持他的观点：

> 一个人一直在知识的深井中从事最艰苦的劳动，用自己所有的马车运来了他的所得，耗尽他所有的理性。这好像是一场战役，他四处搜索，分散和击败途中的所有异议，将对手召唤到平原，如果他乐意，让他享受风和日

① Stanley Ingber, *The Marketplace of Ideas: A Legitimizing Myth*, Duke Law Journal (1984), 2-3. Also see Haig Bosmajian, 1992:54.
② John Milton, *Areopagitica and of Education*, New York: 19516. Also see Haig Bosmajian, *Metaphor and Reason in Judicial Opinions*, Illinois: Southern Illinois University Press, 1992:53.

丽,只有那时,他会试着用辩论的力量解决事情;因为对
手随后躲藏、埋伏,把守着挑战者要通过的许可地的小
桥,尽管有军人身份,非常英勇,但依然在真理之战中显
得虚弱和胆小。①

　　1859 年,密尔在《论自由》的经典章节"论思想和讨论的自由"
中依然侧重于格斗的意象,一个敌对的比喻,不是交易和买卖。他
写道:"让被抨击的意见成为对上帝和未来国家,或任何普遍接受
的道德教诲的信仰。以这种理由战斗,使不公平的对手获得很大
优势。"更具体一点,"这是一种无所事事的多愁善感,真理,仅仅是
真理,具有内在的、错误不具有的影响,或挣脱地牢和刑柱最终获
胜"。此外,"另一方面,异端的意见大体是一些被压制和忽视的真
理,突然挣开绑缚的枷锁,与公众意见中蕴含的真理寻求和解,或
作为敌人反对它",最终,"在生命的伟大实践活动中,真理调解和
结合各种对立面的复杂问题,很少有人以足够包容和公正的思想,
使用正确的方式做出调整,都不得不通过敌对的格斗者之间拼死
一搏的暴乱过程来了解"②。
　　杰佛逊对思想自由持宽容态度,这从他就职演讲中最著名的
一句话中就可以看出:"如果我们当中有人想解散这个联邦,或者

_____

① Id,50 - 51. When a man hath been laboring the hardest labor in the deep mines of
knowledge, hath furnished out his findings in all their equipage, drawn forth his
reasons as if it were a battle ranged, scattered and defeated all objections in his way,
calls out his adversary into the plain, offers him the advantage of wind and sun, if he
please, only that he may try the matter by dint of argument; for his opponents then
to skulk, to lay ambushments, to keep a narrow bridge of licensing where the
challenger should pass, though it be valor enough in soldiership, is but weakness and
cowardice in the war B of Truth.
② John S. Mill, *On Liberty*, New York: 1947,23,28,45 - 47.

想改变它的共和体制,那就让他们作为容忍错误意见,理性可以自由地与之抗争的纪念碑,不要干扰他们。"事实上,在著名的"弗吉尼亚州宗教自由法的序言"中,他已经使用过相似的格斗语言:"当理论转化为公然行动,妨害和平及正常秩序时,为政府的合理目的,官员们有恰当的时间进行干涉;最后,真理是伟大的,只要让其自行发展,它自然会得到胜利,真理是谬误适当而有力的对手,在它们的斗争中,真理是无所畏惧的,它只怕人类加以干扰,解除它天赋的武器,取消自由的引证和自由的辩论;一切谬误,只要到了大家可以自由反驳的时候,就不危险了。"①

不难发现,弥尔顿好像反对"市场"隐喻②,采用了比较暴力的格斗、战争、战役比喻,而密尔和杰佛逊的语言仅仅是一种敌对的比喻,不是交易、买卖。"市场"隐喻在司法领域的使用起源于1919年霍姆斯大法官把竞争性的自由主义市场引入到第一修正案的法律语篇中,但他也没有使用"思想的市场"这个短语,他谈论的是"思想的自由贸易"和"市场的竞争",认为"思想的自由交易较好地实现了期望的最终利益—真理最好的检验标准是思想在市场竞争中使自己被接受的影响力"③。

二

第一次准确引用思想市场的隐喻出现在卜睿南大法官 1965 年

---

① Thomas Jefferson, *Writings of Thomas Jefferson* (Washington, D. C., 1903), 302,318,319.
② 他认为:"真理和理解不是通过买卖、法律和标准进行垄断和交易的货物。我们不必想着把地球上所有知识作为大宗商品,像细平布和羊毛打包布一样,贴上标签,准许销售"。同上,第32页。
③ *Abrams v. United States*, 250 U. S. 616,630(1919).

的雷蒙特诉邮政署长案的同意意见中。该案涉及一部邮政法，该法要求邮政署长扣留未经证实的有关共产党政治宣传的外国邮件，并且不得向收信人送达，除非收到收信人表明希望收到邮件的明信片。最高法院判决该法违宪。卜睿南为收信人的权利辩护，声称："如果其他情况下，出于自愿的收信人不能自由地接受和考虑思想的内容，那么思想的传播达不到任何目的。如果只有卖方而没有买方，思想的市场将没有吸引力。"仅仅两年后，卜睿南大法官宣读了最高法院对凯西安诉评议委员会案的判决书，认为纽约教师的效忠宣誓在教育制度中没有意义，坚持说"教室尤其是一个'思想的市场'"。

从此之后，"思想市场"的隐喻被法院不断重复使用，范围也逐渐扩大。

1969 年，怀特大法官在红狮广播公司诉联邦贸易委员会案中，维持了公平原则的合宪性，声称"第一修正案的目的是保护思想的市场不受抑制，真理最终得到彰显，而不是支持市场的垄断化，无论这种垄断是政府自己还是被许可人个人造成的"。

1972 年，最高法院判决康涅狄格州中央大学的校长不得以官方名义拒绝承认学生民主协会作为校园组织，大法官鲍威尔说："大学教室和周边地区尤其是'思想的市场'，在重新维护美国保护学术自由的献身精神的同时，我们没有违反新的宪法根据。"

图书馆也被指定为思想市场。1972 年，马萨诸塞州联邦地区法院判决马萨诸塞切尔西校委员会不能禁止学校图书馆收藏含有"令人讨厌的"诗歌的青少年作品选集时，陶罗法官判决"图书馆是思想市场的重大资源"。1982 年，缅因州联邦地区法院做出了不利于贝利威利校委员会的判决，原因是委员会移走了高中图书馆的一本《365 天》图书。希尔法官说："公立学校是重要的思想市场，第一修正案保护的权利必须给予思想市场的所有'人'，包括中学生……因政府禁止'思想仓库'的书籍寻求救济。"①

　　1988 年的好色客杂志诉福尔韦尔案中,最高法院一致判决杰瑞·福尔威尔认为《妓女》杂志"令人不快"的描写"侵犯了隐私,诽谤和故意造成情感沮丧"的主张不成立。伦奎斯特首席大法官几次提到"市场"隐喻。他首先引用了霍姆斯 1919 年在埃博拉姆斯案的反对意见来支持自己"第一修正案的实质是在公众感兴趣和关心的各个方面认可思想和观点自由交流的基本重要性"的立场,指出"明知"错误或轻率地不考虑是否错误而做出的陈述可以裁定为破坏名誉,认为"令人不快"不足以禁止言论;其次,他引用了联邦贸易委员会诉太平洋案中"第一修正案的重要宗旨是政府在思想市场中必须保持中立"的判决意见。②

　　这个隐喻也被用来反对焚烧国旗的行为。1989 年,最高法院判决给予国旗焚烧者葛瑞格利·约翰逊宪法规定的保护。卜睿南大法官写道:"在思想的市场中,第一修正案没有保证对国家整体非常神圣的其他观念将不会受到质疑,如建立在种族基础上的歧视是可恶的,等等。"这种隐喻式的解释后来又有了另一个:"因此,我们拒绝为国旗制定例外条款来挑战受第一修正案保护的原则。"但伦奎斯特和斯蒂文思大法官引用"市场"隐喻,分别阐述了自己认为焚烧美国国旗不是第一修正案保护的交流方式的立场。伦奎斯特认为:"经过两百多年的历史,美国国旗,当时已经成为代表美国的有形符号,它不代表任何特定正当的观点,不代表任何具体的政治观点。国旗不是简单的另一个'思想'或'观点',争取思想市场的认可。几百万、几百万的美国人,无论他们的社会、政治和哲

---

① *Sheck v. Baileyville School Committee*,530 F. Supp. 679,687(1982).
② *Hustler Magazine v. Falwell*,108 S. Ct. 876,882(1988).

学信仰是什么,以不可思议的敬畏尊重它。"斯蒂文思大法官把焚烧国旗与损坏公共财产做比较,"在华盛顿纪念碑创设公告栏,张贴和涂写联邦权利的方式或许扩大表达自由的市场,但我付不起这个代价。类似地,在我深思熟虑的判决中,支持公开亵渎国旗将玷污它的意义"。在伦奎斯特从思想市场的竞争中收回了美国国旗的同时,斯蒂文思表示不愿意付出"扩大表达自由市场"的"代价"[①]。

约翰逊案判决后,1989年美国国会通过了国旗保护法,但随后发生了更多的国旗焚烧事件。令人惊讶的是,最高法院再次判决对焚烧国旗者提出控诉与第一修正案的精神不符。斯蒂文思大法官(伦奎斯特、怀特和奥康纳与他持相同意见)在反对意见中声明:"对我来说,这个案件非常困难的原因是我认为对这种象征意义的损害已经发生了,因为最高法院已经判决支持焚烧国旗的行为。以前非常戏剧性的抗议表达方式现在非常普通。今天的思想市场中,公开烧毁越战征兵令可能不如点燃一支雪茄更具有挑衅性。明天,焚烧国旗可以产生相似的反应"[②]。

三

虽然思想市场成为法律领域最持久的隐喻,但与此同时,对判决书中持续使用这个隐喻的重要性、正确性和可适用性一直存有疑问。

1967年,杰罗姆·巴伦在《哈佛法学评论》上撰文写道:"我们

---

① *Texas v. Johnson*, 109 S. Ct. 2533,2546(1989).

② *United States v. Eichman*, 110 S. Ct. 2404,2412(1990).

的宪法理论正陷于对表达自由不切实际的构想之中,信奉'思想市场'可以随意使用。但是,如果曾经有过自我作用的思想市场,它早已不存在了。"

斯坦利·英伯格在 1984 年的《思想市场:正当性的神话》一文中讨论需要重新评估市场隐喻所依赖的假设,解释到:

> "在社会上,受尖端通讯技术和资源及技术分配不均的影响,市场不可避免地偏向于支持已经巩固的权力结构或意识形态。……对思想市场的这种批评产生了意料之中的结论,仅仅保护言论表达不能保障新的思想、认知和价值观发展的环境。观念的多元化首先需要社会经验和机会的一致多元化。因此,尽管有修辞围绕周围,言论自由本身无法保障一个多元和互动的思想市场"①。

埃德温·贝克强调"最高法院在决定什么言论受保护时,坚持借助思想市场的理论"的同时,认识到"经典的思想市场理论依据的假设今天几乎处处受到驳斥。因为这个假设的失败,市场带来真理,甚至最好的、最有利判决的希望变得不合情理"。贝克主张"如果有人反对客观真理的假设,认为人的各种观点和理解是选择或创造的,不是发现的,那么思想市场的合理性必须被重新审视"。更进一步地说,"经典(市场)模型也要求人们应该能够用自己理智的能力消除信息描述的形式和频率造成的扭曲,发现相关信息或

---

① Stanley Ingber, *The Marketplace of Ideas: A Legitimizing Myth*, Duke Law Journal (1984),85－86. Also see Haig Bosmajian,1992:58.

观点的核心内容。这种假设无法令人接受"。在讨论了这些和其他假定之后,贝克说:"假如形成经典思想市场的假设明显错误,人们会困惑为什么这个理论如此流行,而且有许多支持者"①。

甚至首席大法官沃伦·博格似乎也承认市场隐喻在当代的社会现实中无法适用。他在宣布迈阿密先驱报出版公司诉陶妮罗(1974)的最高法院判决意见时,承认垄断已经控制了曾经是自由市场的领域:

> "一个真正的思想市场存在于1791年第一修正案颁布时,(当时)交流通道比较容易获得……,在进入出版业相对廉价的早期,持不同意见者能够利用许多显而易见的解决办法,在今天会有更多的报纸。但是,同样的经济因素造成了城市报纸大量消失,……第一修正案对公众获得信息的重要性受到威胁,因为今天'思想市场'被市场的所有人垄断了"②。

市场隐喻受到批判的另一个疑问是它使人们把观点理解为讨价还价的商品,出价最高者进行买卖的东西。但是,把言论这种思想的表达方式隐喻化为一个消费品,是有问题的。在卡普兰诉加利福尼亚案中,最高法院的判决驳回了卡普兰的主张后,他请求重审,主张自己"被最高法院把政府对图书电影的控制和对证券、赠券、自然资源、纵狗斗熊等等之间的各种类比搞糊涂了。请求人从来没有主张,也不会相信,书商比其他商人更应当免于消费者保护

---

① C. Edwin Baker, *Human Liberty and Freedom of Speech*, New York: Oxford University Press, 1992:374 - 379.

② *Miami Herald Publishing Co. v. Tornillo*, 418 U. S. 241, 248 - 251(1974).

立法的责任……，但是，最高法院反复……说政府不能以对待赠券或海洛因的同样方式处理所谓的淫秽图书电影"①。

全美图书馆联合会也在它的法庭之友意见书中对最高法院把对图书和思想的管理与对麻醉剂和垃圾的管理相比较提出质疑，认为"把阅读书籍和处理垃圾污水相提并论有辱于第一修正案的伟大意义。许多历史悠久、始终如一的案件证明，所谓的淫秽书籍不能像赌博物品和麻醉剂那样对待，恭敬地建议，也不会等同于垃圾污水"。它引用 1959 年大法官法兰克福特在史密斯诉加利福尼亚案中的同意意见继续阐述到：

> 政府管理什么喂饱肚子和什么满足大脑的权力范围是有很大不同的……，认识到人的行为是施以惩罚的前提是个一般原则，贩运有毒食品和药品对公众安全具有重大威胁，这二者之间的权衡关系不能用来衡量社会解决色情问题的利害关系中言论自由所起的重要作用。②

在一个关于营销和传播思想的案件中，法兰克福特已经认为推销思想和推销货物是有区别的：

> 新闻自由对社会运行是不可缺少的。新闻业，以及由此而来的美联社，就提供理解公共事务的基础而言，促进了真理。真理和理解不同于花生和土豆一样的货物。

---

① *Petition for Rehearing*, at 6-7. *Kaplan v. California*, 413 U. S. 115(1973).
② Motion of the American Library Association to file an Amicus curiae Brief in Supporting for Rehearing, at 17-18. *Kaplan v. California*, 413 U. S. 115 (1973).

> 因此，通过否定理解的基础来限制真理发展的概率需要
> 反复斟酌，这些考量完全不同于合作企业只有商业意义
> 的相关限制措施。①

在美国人看来，霍姆斯时代在城镇广场看到的自由放任主义在二十世纪中期的思想市场难觅踪迹，这个事实进一步降低了市场隐喻的正当性。二十世纪的前半叶，法院经常用思想市场来禁止某些言论：无礼的言论、隐晦下流的言论、侮辱性的言论、诽谤性言论、构成明显和现实危险的言论、以及构成明显和可能的威胁的言论。1942 年，最高法院在卓别林斯基诉新罕布什尔案中判决"好斗的言论"不受第一修正案的保护时，全体法官一致认为"对那些清楚明白、严格限制的言论类别，法院从来不认为阻止和惩罚它们会引发任何合宪性的问题。这些言论包括淫荡和下流的言论、亵渎的言论、诽谤言论和侮辱性言论或'好斗的'言论，那些一旦出口就造成伤害或容易马上破坏和平的言论。人们清楚地注意到这些言语不是说明思想的必要内容，作为探索真理的措施。它们的社会价值很低，所产生的好处也明显被社会对秩序和道德的利害关系所超越"。但在旧日的市场不存在相似的禁止规定，"社会价值较低的"商品可以在付得起钱的人之间自由买卖，但是，法院禁止市场出现无礼和下流的语言，因为它们"不是说明思想的必要内容"的语言。换言之，自由主义的错误在思想市场明显受到限制。尽管有人一直在商业市场自由地出售"蛇油"，但法院对思想市场"热卖中"的言论已经有了限制。②

---

① *Associated Press v. United States*, 326 U. S. 1, 28(1945).
② *Chaplinsky v. New Hampshire*, 315 U. S. 568, 571-572(1942).

　　另一方面,思想市场的隐喻也误导人,因为美国资本主义发展初期阶段的市场中,接触消费者和展示商品与货物的设施的机会是均等的。但是二十世纪中叶之后,随着技术的进步,思想市场不存在这种均等。杰罗米·贝隆在1967年就承认这种不均等的现实,"思想市场的观点依据这样一个假设:表达权等同于为它做准备。但通讯技术的变革破坏了市场的均衡。1925年时可能相信霍姆斯大法官的观点:每个思想以某种信仰为依据,除非某些其他信仰超越了它或者这种思想出现时缺乏活力,阻碍了它的发展,现在没有这种可能了。但霍姆斯的理论没有被放弃,收音机和电视机的出现使这种思想脱离现实的特点更明显。第一修正案的现实观点需要承认,如果表达权只有大多数的通讯管理层克制才能行使,那么它有点空洞"①。

　　这个隐喻应用于教育机构时,思想市场误解和创造了许多令人困惑的"现实"。虽然公立学校是美国社会的一部分,法院认为是思想市场,但有些下级法院的法官和最高法院的大法官主张从宪法这个市场中可以拒绝给予消费者-学生某些图书和思想,因为学生可以从其他地方获得它们。例如,在关于学校图书馆审查的岛屿树林诉匹克案中,四名持反对意见的法官(博格、鲍威尔、奥康纳和伦奎斯特)借助首席大法官博格的反对意见提出,"如果家长和学生不能让校董事会相信搬走图书是不恰当的,他们有其他方式达到同样的目的。图书可以从书店、公立图书馆、或其他与当地公立学校的独特环境无关的渠道获得"②。

　　伦奎斯特在反对意见中提出了同样的观点,认为学生们得到

---

① Barron Jerome, *Access to the Press: A New First Amendment Right*, Harvard Law Review 80(1967),1648.
② *Board of Education v. Pico*, 457 U.S. 853,892(1982).

图书的权利没有因学校从图书馆搬走图书而遭到侵犯，因为那些图书在其他地方随手可及，"学生没有因为书从学校图书馆搬走而被拒绝给予获得书籍的权利。他们可以从公立图书馆借阅，在大学图书馆阅读，在书店购买，向朋友租借。任何农民不会因为农产品可以在其他地方获得而被禁止在市场出售农产品"①。

但是，其他法官反对从其它地方获得资源的这种观点。例如，在他们主张"图书馆是思想自由市场的强大资源"之前，两个法院主张"对表达的限制一般不会证明这个事实的正当性：这种表达可以在其他时间、地点和情况中进行"。② 这个立场比岛屿树林案中反对法官的立场更符合市场隐喻，认为可以在书店或从朋友处获得书就做出这个结论：校董事会禁书没有侵犯学生们的宪法权利。

也有人认为，不间断借用市场隐喻已经妨碍了创造其他更恰当的隐喻，它们将更准确地反映当下社会的现状。不断引用隐喻使美国人错误被动地接受不再有重大意义的比喻，而过时的隐喻扭曲了他们对现实的感知。霍姆斯判决书中的自由世界在今天的商业世界和思想世界中都不存在。就像比诺·施密特在《新闻自由与公众享用权》中指出的一样："尽管表面上大众传媒很多，但美国的许多公民经历着报业垄断，为数不多的电视台被网络节目和大量的无线电台控制，主要播放可以互相交换的节目，对公共事务关注度最低"。施密特提供的数据显示市场竞争为零，他评论说，"典型的美国人生活在有一份报纸的城市里，它是当地的垄断行

---

① *Board of Education v. Pico*，457 U. S. 853,892(1982)，915.
② *Minarcini v. Strongsville City School Dist.*，541 F. 2d 577,582(1977)；*Salvail v. Nashua Bd. of Ed.*，469 F. Supp. 1269,1275(1979). Also see Haig Bosmajian，69.

业，由控制当地一家电视台的同一个所有人掌握"①。

首席大法官博格在迈阿密先驱出版公司诉陶妮罗案的判决书中认为"在我们的多数大城市，报纸之间的竞争被消除，媒体控制高度集中，唯一的报纸由拥有电视台和无线电台的同一个利益集团控制，这是集中控制公众获取信息的路径趋势的重要表现"。在一个脚注里，首席大法官写道："一个城镇一份报纸已经成为普遍规则，只有 4％的大城市里存在有效的竞争"②。

霍姆斯大法官引入他的隐喻"思想的自由交易很好地实现期望的最终利益—真理最好的检验标准是思想在市场竞争中被接受的影响力"时，他没有预料到施密特和博格描述的缺乏竞争性的市场。二十世纪七十年代，美国社会的现实情况是一个城市只有一份报纸是普遍现象，出版公司兼并为联合大企业，由于商业电视网络的新闻和娱乐节目互相克隆，或许也只是被兼并，在这样一个社会，继续使用霍姆斯 1919 年的隐喻就有点不切实际。

新的社会现实需要新隐喻。温德尔·威尔凯尔曾经评论"得体的口头禅（经常是隐喻）能够使分析性思维能力模糊五十年"。霍姆斯把商业市场的法则应用到思想世界很久了，到了听从杰罗米·贝隆 1967 年的建议，给思想隐喻一个它应得的葬礼的时候了。③

---

① Benno Schmidt, *Freedom of the Press vs. Public Access*, New York: Praeger Publishers, 1976:39.

② *Miami Herald Publishing Co. v. Tornillo*, 418 U. S. 241,249(1974).

③ Haig Bosmajian, 1992:72.

第六章

寒蝉效应

美国司法判例中,"寒蝉效应"(也被译为"抑制效应")和"呼吸空间"在法院的判决书中分别被重复使用了五百多次和三百多次,这足以说明修辞性语言不能仅仅被视为装饰物,隐喻对司法判决有重要影响①。

一

司法判决中"寒蝉效应"的源头可能溯及不止一个。1952 年的威尔曼诉阿普德格拉夫案是第一次使用了抑制(chill)一词的判例。该案中,最高法院全体法官一致判决俄克拉何马州要求政府工作人员,包括教师宣誓效忠的规定无效。法兰克福特大法官在自己的同意意见中写道:"就教师与有效行使权利法案及第十四修正案所保障的权利的关系本质而言,限制教师的思想自由和按照思想行动的自由使那些修正案的保障措施清晰地发挥了作用。这种对教师自由精神没有法律依据的限制影响的不仅是像上诉人

---

① Haig Bosmajian,1992:116.

一样马上出庭的人。它具有明显的倾向性,抑制所有教师应当特别培养和养成的自由精神的发展,使教师在未来的交往中谨慎、胆怯。"①

十年后的吉卜森诉佛罗里达立法调查委员会案中,最高法院使用了寒蝉效应这个词。佛罗里达立法调查委员会获得信息,十四名团体成员与美国有色人种协进会迈阿密分会有关联,命令该分会主席吉卜森到庭出示委员会要求的会员记录。吉卜森拒绝出示会员记录,被控蔑视法律。最高法院多数法官判决支持吉卜森,高德博格大法官认识到佛罗里达州的命令对第一修正案保障的自由有抑制效应:

> 社会团体参加受宪法保护的思想和信仰的自由交易,保护团体成员名单的隐私这种巨大的结社权益,在本案被告所做的微弱证明中,或许不会受到严重侵犯。当然,所有的合法组织都是这些保护措施的受益人,他们都是本案的关键所在。但是,如果被质疑的隐私使那些信仰人在邻居中已经不受欢迎,那么,威慑和抑制言论自由、表达和结社自由的宪法神圣权利的自由行使就是更紧迫和更现实的。②

德姆博罗威斯克诉珀菲斯特案的判决中,寒蝉效应和具有威慑效应的模糊及宽泛法律结合在一起。上诉人主张路易斯安那州的有关宣传控制法过于宽泛,适用中可能侵犯自己受第一和第十

---

① *Wieman v. Updegraff*, 344 U. S. 183,195(1952).
② *Gibson v. Florida Legis. Investigation Comm.*, 372 U. S. 539,555-557(1963).

四修正案保护的各项表达自由权利,而且被上诉人恶意使用这些
法律,不是为获得有效的定罪,而是威慑被告人的民权活动。最高
法院判决支持了上诉人的主张,卜睿南大法官提供了多数派意见,
运用了隐喻式的"寒蝉效应":

> (在贝格特诉布利特中)我们已经判决,(颠覆组织
> 的)定义以及据此获得的誓词,剥夺了正当程序,因为它
> 过于模糊、不确定和宽泛。像本案一样,如果案件相似地
> 牵扯到法律所保护的表达和结社自由,定义被用来提供
> 有罪的标准,而不是检查誓词的内容,我们理解这种事实
> 没有决定性的区别。这个过于宽泛的法律也创造了"危
> 险地带",在其之内受保护的表达行为被禁止……。只要
> 该法依然在该州适用,威胁、迫害受保护的表达行为就是
> 一个现实而重大的问题。即使这种迫害最终失败,但这
> 种前景绝不可能消除它们对受保护的表达行为的寒蝉
> 效应。[①]

"寒蝉效应"成为司法判决过程中使用最多的隐喻之一。法院
把比喻意义上的寒冷做名词用,"但是,我们发现被上诉人主张和
面对的不仅仅是'主观上的寒冷'"[②]。比喻意义的寒冷被广泛用
作动词,"面对这样的盘问,记者们不愿意表达自己的疑问。事实
上,这个思考过程压制了他们"[③]。比喻意义的寒冷具有一种意
象,比修辞的"沮丧效应"或字面的"威慑效应"更有威胁性。英语

---

① *Dombrowski v. Pfister*, 380 U. S. 479,494(1965).
② *Meese v. Keene*, 481 U. S. 465,473(1986).
③ *Herbert v. Lando*, 568 F. 2d 974,984(1986).

中寒冷(Chill)一词带有麻木、冰冷、颤抖的意义,这些感受无法来自更抽象的威慑或禁止。

从法治的角度讲,人们都会抑制自己参加非法行为,因为法律禁止这些行为,违反这些法律的人会受到惩罚。人们明白"违反"法律将受到惩罚,因此会在停止通行的显示牌前停下,这种法律有禁止的效力。法律的效力是减少"正当受到国家控制的行为"。美国学者弗里德瑞克·绍尔把这种类型的防止称为"无害的抑制效力——一种有意控制受到政府正当监督的言论和其他活动的效力"。在许多司法判决书中提到的抑制效应被绍尔定义为"有害的抑制",一种"对宪法保护活动的有害抑制。这不仅与第一修正案保护的行为有关,也发生在宪法保护的任何行为受到不合理的阻止之时"。绍尔认为"当政府的规定阻止个人参加第一修正案保护的活动,而这些规定不是特别针对那种受保护的活动时,抑制效应就产生了"[1]。

二

二十世纪五十年代之后,隐喻式的寒蝉效应体现在各级法院的五百多个判决书中。[2] 伴随寒蝉效应一起产生的还有先行制止、自我审查的观念。如果"抑制"造成媒体自我审查或者政府先行制止,思想就没有了交流。如果人们被噤声,如果人们进行自我审查,结果就是沉默。这种沉默与政府先行制止造成的沉默一样,

---

[1] Frederick Schauer, *Fear, Risk and the First Amendment：Unraveling the Chilling Effect*, Boston University Law Review 58 (1978)，690 - 693. Also see Haig Bosmajian，99.

[2] Haig Bosmajian，99.

因为担心失去自己的地位或担心违反模糊的法律而没有表达思想，和预先制止而保持沉默一样，思想都没有表达出来。

1964 年的纽约诉萨利文案由卜睿南大法官提交了法院全体一致通过的判决书，其中没有特别引用隐喻式的抑制效应，但强调了自我审查的问题：

> 在自由辩论中，错误的陈述无法避免，而且……如果表达自由拥有它们"为了生存需要"的"呼吸空间"，就必须得到保护……。如果法律强迫对官方行为持批评意见的人士保证自己所主张事实的真实性，如果不符合事实将面临众多的诽谤审判，这会造成类似的"自我审查"。允许被告举证，对真相辩护，并不意味着只有错误的言论将被压制……。按照这种法律，官方行为的未来批评人士会被阻止表达批评意见，即使相信意见是真实的，甚至事实上是正确的，但因为怀疑在法庭上能否证明这一点，或者担心这样做的成本，他们倾向于"驶向远离非法地带"的陈述……。因此，这种法律打击公共辩论的活力和限制它的多样性。这与第一和第十四修正案不符。①

寒蝉效应在个案中的具体表现并不相同，不断出现在有关意识形态和反对越战的案件中。1967 年的美国杜波伊斯俱乐部诉卡拉克案中，大法官道格拉斯反对最高法院的判决结果，强调颠覆活动监督委员会命令杜波伊斯俱乐部注册具有抑制效应：

---

① *New York Times v. Sullivan*，376 U. S. 254，271－279(1964).

　　如果一个组织被划分为某个阵线，后果很严重：成员就业受到限制……，申请或使用护照违法……，需要登记……；限制使用邮件、广播和电视……；税收豁免被剥夺……。按照对作为被剥夺民事权利和民事行为能力的人的诉状或作为剥夺了第一和第十四修正案各项权利的诉状的判决，至少这些规定中有一部分是违宪的。但是，证明清白要经历漫长而拖延的听证和上诉。与此同时，对第一修正案权利的行使会遇到德姆博罗姆斯基诉皮福斯特案的"寒蝉效应"的深刻影响。用公开听证和调查他们的信仰和态度来骚扰他们的成员，按照这部法律让他们接受听证，使他们的少数派意见受到公众指责——这些行为像最高法院在德姆博罗姆斯基案的审判中的判决一样，有同样的"寒蝉效应"①。

　　在越战期间，寒蝉效应成为与学生推迟入伍和分类有关的判决中的重要内容。1967 年，法官哈罗尔德·梅狄娜判决密西根州爱恩港的征兵委员会因为大学生参加反对越南战争的抗议活动而对他们重新分类的做法违法，"重新分类本身的效果就是立刻减少第一修正案权利的行使，因为毫无疑问，在表达对国家政策的反对意见时得到 I—A 的分类，这种威胁立即影响被告和其他处境相似的人的行为。……可以肯定，特定案件应由法院审理的性质不可能取决于表面无效的法律与以违宪方式正在适用的法律之间的区别，因为对政府非法行为的寒蝉效应同样重要"②。同一年，全国

① *W. E. B. Dubois Clubs of America v. Clark*，389 U. S. 309，p317－318(1967)。
② *Peter Wolff and Richard Short v. Selective Service Local Bd. No.* 66，etc.，372 F. 2d 817，p823－824(1967)。

学生联合会诉赫尔希案中，十五名大学生和三个全国性学生组织对"赫尔希指令"的合宪性提出疑问。法院在推理中使用"抑制"和"寒蝉效应"超过三十五次。[①]

"寒蝉效应"隐喻的使用也招来反对之声。大法官哈兰在茨威科勒诉库塔案中对卜睿南大法官引用寒蝉效应这个隐喻提出疑问。1968年的迪韦奈诉美国案中，联邦第五巡回上诉法院的法官桑伯利认为寒蝉效应原则不适用。

1971年，最高法院判决控诉美国军方监视政治集会具有寒蝉效应的一个公民团体败诉。最高法院考虑了军方对政治和平会议的监视是否具有抑制效应。在多数意见中，大法官博格认为公民有义务证明，由于政府的行为，他们已经承受了，或立刻面临承受直接损害的危险，但"被告不符合这个标准"，博格说：

> 他们的主张陈述简单，不同意行政法庭做出的判决。这个判决就军方需要的情报类型和数量、军方数据搜集系统的存在对他们第一修正案权利的行使造成宪法不允许的抑制效应，做了裁定。那种主张的"抑制"效应或许起源于被告人认为在我们的政体下这种制度不适合于军队的作用，或者起因于被告人不太普遍的、但深思熟虑后的忧虑：军队在将来的某一天可以以某种方式滥用情报对被告造成直接伤害。主观"抑制"的陈述不会合理地取代客观上具体的现时伤害请求权或未来具体伤害的威胁。[②]

---

① Haig Bosmajian，103.
② *Laird v. Tatum*，408 U. S. 1,13 - 14(1972).

但是，大法官道格拉斯不同意多数法官的判决意见，他用大量的比喻表达自己措辞尖锐的反对意见，认为这种监视具有禁止效应：

> 军方的监视行为，就像军方的标准化管理一样，和第一修正案的原则争吵。那些恭顺地行走的人会说没什么大惊小怪的。但是，卑躬屈膝不是我们的传统……，制定宪法……增加权利法案来保障人民的信仰和表达、出版、政治社会活动的领域不受监视。权利法案的目的是使政府机构和官方窃听者远离人民的集会，目标是使人自由、独立，对政府主张他们的权利。没有任何影响比军方监视行为更能破坏这个目标。当情报官在图书馆从每一个不服从者的肩头看过去时，或者难以察觉地与他并肩行走在示威队伍中时，或者渗入到他的俱乐部时，美国曾经赞美、世界各地随处可听到的自由之声不再是杰佛逊和麦迪逊设想的意象，而更像俄罗斯的印象。①

道格拉斯的担忧很有远见了，这种担忧被 1980 年代晚期中情局实行的图书意识计划所证实，即使曾是中情局特工的国会议员顿·爱德华都认为该计划太过分了，认为中情局特工要求图书管理员汇报用户情况的抑制效果将远远超过任何可能的反情报利益。②

寒蝉效应也被各级法院广泛用于对学校图书馆和课堂内容进

---

① *Laird v. Tatum*，408 U. S. 1，28.
② Haig Bosmajian，106.

行的各种审查案件中。1969 年，一名高中教师因为不同意学校理事会的命令，在教室里继续使用一个下流词而被暂停教职，随后到法院起诉。案件上诉到第一巡回上诉法院时，法官安尔德里奇做出了有利于老师的判决，写道：

> 我们接受法院的下述结论：国家对教室言论管理的某些措施在公立教育的设置中都是固有的。但是，当我们权衡已经详细阐释的各种审判事实时，很难不这样想：它在本案的适用贬损教育的任何真正理念。允许这种严格审查而产生的普通抑制效应甚至更严重。①

一年后的帕杜喜诉路特兰德案中，一名高中英语教师不顾校长的反对，让十一年级的学生阅读库尔特·冯内古特的故事"欢迎来到猴子屋"而被学校解雇。阿拉巴马联邦地区法院的判决中，首席法官约翰逊引用寒蝉效应原则阐释到："第一修正案的保障措施将很快用来保护学术自由的权利，因为任何没有法律依据侵犯权利的行为趋向于抑制其他教师行使权利。②"

审判法院充分认识到了学校对教师进行指导的各种政策之间的模糊，或者没有政策的结果。法官约翰逊指出"记录显示，在原告被解聘之前，杰佛逊·戴维斯高中没有书面和公开的政策来指导课外材料的选择和分配"。事实上，这名教师没有事先得到通知"她受到惩罚的行为是被禁止的"。法院认为"这个国家的法律长期以来认为任何人不得因其行为而受到惩罚，除非这种行为用清

---

① *Keefe v. Geanakos*, 418 F. 2d 359,362(1969).
② *Parducci v. Rutland*, 316 F. Supp. 352,355(1970).

楚准确的词语已经被禁止……。当被惩罚的行为涉及第一修正案,就像本案的情况一样时,将更严格地使用标准来判断法律允许的模糊程度",强调"在本案中,我们不仅关注模糊的标准,也关注标准的彻底缺失。如果一个老师被迫冥思什么行为是允许的,什么行为是禁止的,那么他很容易在教室里过分小心,拘谨寡言。教师不愿意研究和实验新的不同思想是对学术自由全部理念的谴责"①。

　　缺乏事先通知和抑制效应之间的关系在两年后成为一位高中戏剧教师胜诉的一个重要因素。衣阿华州一名九年级的戏剧教师在对学生的艺术指导中允许他们"喝酒和说下流话",但事先没有得到合理的通知,告诉她这样的内容是禁止的。衣阿华州联邦地区法院的判决意见认为:

　　　　"虽然被告禁止教室或舞台上的所有粗俗行为是正当的,但是,他们没有给韦伯女士合理的通知,告诉韦伯他们已经这样要求了;各种情况使韦伯女士相信他们没有这样做。没有事先告诉韦伯女士她的教学方法是学校不允许的,就这样终止她的工作,剥夺了她享有的法律正当程序,只能对她和米尔斯湖案中的其他教师创新和发展更有效的新教学方法的学术自由产生抑制效应。通情达理地讲,这对他们受雇讲授的科目是很重要的"②。

　　1980年的皮克诉教育委员会案中,纽约的岛屿树林联盟自由

---

① *Parducci v. Rutland*, 316 F. Supp. 357(1970).
② *Webb v. Lake Mills Community Sch. Dist.*, 344 F. Supp. 791,804(1972).

校区禁止了几本书。上诉法院判决学校董事会败诉。在同意意见中，纽曼法官意识到了这种审查具有抑制效应：

> 从学校图书馆取掉一本书经常是全校范围明确规定的行为，这传递着思想可能受到了法律不允许的压制。当然，这种行为可能是偶然的、不起眼的决定，就像学校图书管理员换掉一本过时的旧书，或丢掉一本几乎不用的书来为其他书腾出空间。但是，学校主要官员经过深思熟虑作出决定，因为书的思想而从学校图书馆取掉一本书，这几乎不可能属于这些类型。他们向学生和老师发出一个官方信息，这些书里的思想无法接受，是错误的，不应当讨论和思考。这个信息对那些将表达这些思想的人产生的抑制效应太明显了。①

1978年，明尼苏达州的部分家长投诉"电影中所谓的暴力和电影对学生渲染宗教和家庭价值观的影响"。之后，学校董事会决定"从学区课程目录中彻底清除电影和预告片，董事会没有给出决定的理由"。几个学生对校董事会禁止电影的行为向法院提出异议。1982年，案件上诉到第八巡回上诉法院时，法官判决学生胜诉。法官希尼认为学校董事会"没有像宪法规定的一样清楚地告知学生和老师它禁止什么"。他用一个从凯西安案引用到现在的经典句子来支持自己：

> 一个人必须猜测什么行为或言辞会使他失去现有的

---

① *Pico v. Board of Education*，638 F. 2d 404,434(1980).

处境时,他将必然‘驶向远离非法地带的方向……'。必须清楚告知……用什么被禁止的灵敏方法来谨慎地抑制行使第一修正案重要权力的危险。……董事会用它官方的影响力采取了一个行动,清楚说明电影的思想内容无法接受,不应该讨论和思考。这个信息在学生和老师中没有遗失,它的抑制效应很明显。①

三

抑制效应经常与三个其他比喻一起使用:"过于宽泛"、"呼吸空间"和"驶向远离非法地带的方向"。抑制效应在 1962 年的吉本森案中引入时,卜睿南首先引用隐喻式的"过于宽泛"原则,引出了"呼吸空间"的拟人辞格。1974 年的阿尼特诉肯尼迪案中,大法官马歇尔的反对意见把这三个比喻与其他几个结合起来使用,引用了凯西安案的"呼吸空间"拟人,"抑制效应"和"驶向远方"两个隐喻,又引入了另一个比喻"达摩克利斯之剑":

由于范围不确定,本案的标准产生了凯西安案中最高法院关注的抑制效应危险。工作人员可能把行为限制在绝对安全的范围内,因"解除公职的威胁是……禁止言论的强有力的手段。"解雇标准像达摩克利斯之剑悬在他们头顶,因为任何可能影响"工作效率"的言论将威胁解雇他们。如果他的言论受宪法保护,根本没有任何后果,

① *Pratt v. Ind. Sch. Dist. No.* 831, *Forest Lake*, 670 F. 2d 771,774(1982).

> 最高法院将最终证明他是正确的，因为达摩克利斯之剑
> 的意义在于它悬在空中，而不是掉下来。对每一个不会
> 拿工作冒险来检验法律许可范围的工作人员而言，更多
> 的人将选择谨慎的途径，根本不说话。①

"寒蝉效应"，"过于宽泛"和"呼吸空间"这三个比喻对法官司法论证的影响在布罗安德里克诉俄克拉荷马案（1972）、甘斯佩瑞尼蒂诉科尔案（1977）、费城报业公司诉黑普斯案中得到了充分的展示。虽然"过于宽泛"隐喻已经是一个死隐喻，但是，美国法院对"寒蝉效应"的使用确实让人更加意识到法律语言很多时候并没有从字面意义上使用。"呼吸空间"比"寒蝉效应"更清楚地被理解为一个比喻，一个带有生命、活力、呼和吸的意象的拟人，呼吸是为了活着。通过这些比喻的使用，美国法院对于在很多重要的范围内如何解释第一修正案的自由概念有了非常有效的表述方法。

---

① *Arnett v. Kennedy*，416 U. S. 134,229(1974).

第七章

被动的受众

《牛津英语词典》中 Captive 的第一个解释是"通过战争或武力得到的战俘;被关押或捆绑的"。从二十世纪中叶以来,"被动的受众"经常出现在许多有关第一修正案主题的法院判决书中,成为一个重要、持久的比喻,被法官用来论证自己判决正当性的各种假设。

一

1951 年,哥伦比亚特区上诉法院判决公用设施委员会败诉,原因是委员会批准在哥伦比亚特区的一部分公交车和有轨电车上安装扬声器,播放音乐、公告、时间预报和每小时六分钟的广告。法院认为:"通勤乘客通常必须听广播,无论他们想不想听……。以前,他们可以自由阅读、交谈、沉思或休息。广播用强制收听的方式取代了听众的自由。"法院第一次讨论了这种情形中被动的受众和"强制的收听"这个隐喻:

直到现在才有机会使免于强制收听具有像宪法权利

一样的效力。没有关押，强迫一个人长时间注意的唯一方式是在一个他必须存在的地方用他无法忽略的声音轰炸他。侵权妨害的法律在家里保护他。在家里或工作时，不存在宪法问题，因为政府没有强迫人收听。直到收音机研发出来，人们认识到垄断行业的顾客是被动的受众，当人们在家里和工作场所或由于必须的差事往来奔波时，迫使人们听是一种盈利的途径。①

公用设施委员会提出上诉。第二年，最高法院认为公用设施委员会允许在公交车和有轨电车安装无线广播没有违反第一修正案，声称广播节目"没有实质性地影响乘客的对话或在公共场所的受宪法保护的交流权利"，并且"没有实质性的主张说节目已经被用来进行令人厌恶的宣传"。最高法院也否定了下级法院的看法：广播节目侵犯了乘客受宪法保护的隐私权：

> 本院的观点是，作为向乘客提供服务的一部分内容和作为一种创收的途径，无论首都公交公司在交通工具上安装了多少无线广播设备，无论大多数乘客多么希望在公交车上安装这些设备，也不管委员会多么积极，根据确凿的证据，可以裁定这样使用无线广播没有影响服务的便捷、舒适和安全，而是趋向于改进服务。但如果有个别乘客因节目侵犯自己受宪法保护的隐私权而反对节目，交通工具上必须停止使用这些设备。这个看法错误

---

① *Pollak v. Public Utilities Commission of the Dist. Of Col.*，191 F. 2d 450,454（1951）.

地假设,对每一个乘坐联邦政府运营的公共交通工具的乘客,第五修正案保证他享有隐私权,这种隐私权实质上等同于他在自己家中有权享有的隐私。①

但是,大法官道格拉斯持反对意见,认为公交乘客确实是被动的受众,"有轨电车的听众是被动的受众,这是出于必须,而不是选择。乘坐公交车的人当然不可以抱怨人群的嘈杂和众人的唠唠叨叨。进入公共场所的人牺牲了一部分隐私。但我抗议超出旅行风险之外侵犯他人隐私的行为"。

1969年,最高法院对洛文诉邮政署案做出判决时,被动的受众成为一个重要的考量原因,最高法院判决邮政署胜诉。国会授权邮政署禁止寄件人向明确要求不接受具有性煽动和性挑逗内容的广告材料的人送达此类邮件,邮政署长将命令寄件人从他们的客户名单中删除提出这种要求的人的姓名。首席大法官博格执笔了法院的判决书,认为"在今天这个复杂的社会中,我们不可避免地成为许多目的的被动受众,但个人自治的充分措施必须保留,允许每个家庭控制不想要的邮件"。首席大法官认为任何人无权强迫不愿意的受众接受甚至好的主意:

　　因此,我们无条件反对卖方根据宪法或其他法律有权向他人家中寄送讨厌材料的观点。如果这种禁止性规定造成了阻碍令人信服的思想的传播,答案是任何人无权把"好"思想强加给不愿意的受众。我们经常是家庭庇护所之外的"囚徒",不得不接受令人厌恶的言论和其他

---

① *Pollak v. Public Utilities Commission of the Dist. Of Col.*，191 F. 2d 464.

各种声音,这不意味着我们在任何地方必须是囚徒。①

1974 年的雷赫曼诉史可黑兹市案中,最高法院裁定该市拒绝为想在城市公交车里张贴广告的申请者提供广告空间没有侵犯他们的言论自由或平等保护的权利。最高法院认为乘坐公交车的人是被动的受众,大法官道格拉斯在他的同意意见中写到:"在我看来,城市当局不得强行侵犯通勤者的隐私权利,这阻止他们把公共交通工具变为对被动的受众传播思想的场所。"但是,大法官卜睿南和其他三名法官持反对意见,不赞同城市当局的观点。认为"习惯上,人们接受商业和公共服务的广告展示,但绝对禁止政治信息"后,卜睿南写道:

城市当局辩称它禁止政治广告是根据它非常关心快速交通系统的"被动的受众",他们"被迫忍受广告冲击他们"。……由于它的快速交通系统主要是一种运输方式,市政当局认为它可以禁止政治广告,保护通勤乘客免受有时发生的争议和令人不安的言论影响。无论市政当局在其他情形下的观点是什么,但在本案中,这是句空话。本案中,市政当局已经主动开放快速交通系统作为交流的平台。在那种情况下,应当想到偶然出现的挑衅性言论。②

卜睿南进一步论证了乘客没有被迫阅读这些信息:

① *Rowen v. Post Office Dept.*, 397 U. S. 728,736－738(1970).
② *Lehman v. City of Shaker Heights*, 418 U. S. 317－319(1974).

　　而且，即使有可能在有争议和无争议的信息之间作
一个可操作的区分，市政当局为"被动的受众"的利益审
查广告的行为仍然不合理。这不属于快速通行乘客不愿
意或没猜到，因而无力避免他认为令人不安的信息的情
况……。通勤乘客没有被逼或被迫阅读任何信息，他们
也没有"不能拒绝接受（信息）……"。假如乘客偶然瞥了
一眼他们认为粗劣的广告，只要转移目光，就能"有效避
免对他们感受的持续侵扰"①。

　　许多案件的当事人都可以用这个隐喻来为自己的立场辩护，
但法院对此有自己的理解。达拉斯、福思乌斯和葡萄藤几个城市
制定了对在达拉斯和福思乌斯国际机场恳求慈善捐款的行为进行
管理的法令，克利须那意识国际协会质疑这些法令是否符合宪法
规定。达拉斯联邦地区法院认为"禁止在航站楼恳求慈善捐款的
这些决定和法令，因为字面意义过于宽泛而违宪"。在权衡囚徒或
是旅客这个问题时，法院认为"航站楼内部的某些部分肯定是私密
的……。但是，很清楚，航站楼的有些部分（例如，公共通道和航站
楼的入口大厅）是公共场所。在那些地方，就像他们在登机休息室
一样，公众不是被动的受众，在其他情况下因安保原因进入的地方
也不是被动的受众"②。在 1989 年的克利须那意识国际协会诉李
案中，法院否定了机场方面的囚徒-受众观点，"被告进一步辩称，
被动的受众的出现把机场与街道和公园这类传统的公共场所区别

① *Lehman v. City of Shaker Heights*, 418 U. S. 320(1974).
② *Fernandes v. Limmer*, 465 F. Supp. 493,501(1979).

开了，……我们不同意这个观点。城市外面的被动受众涉及到各种剧场、电影院和户外出租摊位，在同样的程度上，他们就是机场的售票处、行李传送带和安保检查站"①。

在联合爱迪生案中，大法官鲍威尔建议屋主可以把令人厌恶的邮寄品从"信封移到废纸篓"；在鲍尔格案中，大法官马歇尔建议收件人把令人厌恶的广告"从邮箱移到垃圾桶"。两人都主张家中"被动的受众"可以消除令人厌恶的材料，把受制状态最小化，因为收件人可以对收到的广告自己进行救济。

但是，联邦通信委员会诉太平洋基金会案告诉人们，仅仅关掉收音机远远不够。1973 年 10 月 30 日，纽约一家调频电台事先通知听众节目包含"有些人可能认为无礼的敏感语言"之后，播放了乔治·卡林录制好的独白"污言秽语"。案件呈送到哥伦比亚特区上诉法院时，法官泰姆写道："委员会认为由于广播扰人的特点，被动的听众是存在的。委员会借此证明自己指令的正当性。当被动的程度使不愿意的观众或听众避免接触变得不现实时，这个观点有说服力。但是，正如最高法院在雷赫曼诉史克黑兹案中强调的那样……，'收音机能被关掉'。"②

一年后，最高法院以相对多数原则推翻了原判，大法官斯蒂文思为法官的相对多数意见辩护，写道：

> 广播媒体是所有美国人生活中一个极其普遍的商业存在。公民，无论在公共场所还是隐秘的家里，都要遭遇通过电波传送的明显粗鲁下流的内容。在家里，个人独

① *Intern. Soc. For Krishna Consciousness v. Lee*, 721 F. Supp. 572,579(1989).
② *Pacific Foundation v. F. C.C.*, 556 F. 2d 9,17(1977).

处的权利显然超过干扰者的第一修正案保护的权利。因
为广播听众不断开关收音机,事先警告完全不可能使他
们听不到不想听的节目内容。一个人听到下流话时,关
掉收音机,以免继续伤感情,这就像挨了一拳后,对遭到
攻击的补救办法是转身逃跑。①

　　大法官卜睿南反对法院的相对多数判决意见,认为家中的听
众没有处于无法关掉收音机的被动状态:

　　　　即使一个人在家里主动打开无线通讯系统,如果自
己的隐私权益"以非常难以忍受的方式被侵犯了",他也
有充足的时间保护这些权利,这证明有关言论保护规定
的正当性。科亨诉加利福尼案中……,那些利益仅受到
收音机广播节目威胁的事实不构成对隐私的难以忍受的
侵犯,因为不同于其他扰人的通讯方式,如广播车,"收音
机可以关掉",而且用最小的努力。(雷赫曼诉史可黑兹)
正如下文中法院院长贝兹伦聪明的评价一样,"选择接受
公共电波后,搜台人碰巧找到一个讨厌的节目,他的处境
和科亨案与厄兹诺兹尼克案中那个未想到的过路人一
样……,他可以转移注意力,换个频道或关掉收音机"。
卜睿南暗示"不小心调到讨厌节目的……听众简单伸展
胳膊,换个台或关掉开关。②

---

① *F.C.C. v. Pacific Foundation*, 438 U.S. 726,748(1978).
② Ibid., 766.

　　在公共场所看到令人不快的景象怎么办呢？鲍尔·科亨穿着后背印着"去他妈的征兵令"的夹克走在洛杉矶县法院大楼的过道里，政府认为科亨的无礼信息是对被动的受众的攻击。大法官哈兰在最高法院的判决书中指出这不是一个关于淫秽或容易引起争端的语言的案件：

　　　　在本庭提出的观点中，许多都认为科亨令人反感的表达方式侵扰了不愿意和未预料到的观众，政府因此可以像以前一样正当地采取行动，使敏感的人在其他情况下避免接触上诉人抗议的粗鲁方式。当然，只是假设不经意的听众或观众的存在不会自动掩盖剥夺所有引发反感的言论是正当的……。虽然本院认为，在许多情形下，政府可以采取恰当的行动来禁止不受欢迎的景象和思想侵犯家庭的隐私，但这些在公众对话中不可能全部禁止。如：洛文诉邮政署案……。同时，我们一直强调"在家的庇护所之外，我们经常是'囚徒'，必须忍受讨厌的言论……"。换句话说，政府根据宪法关闭话语，只为（保护）不让其他人听到的权力，（这）取决于证明某种非常难以容忍的方式正在侵犯重要的隐私利益。对这个权力的任何更宽泛的观点实际上将允许多数人仅仅由于个人的偏好而让异议者噤声。①

　　对此，法院认为，看到科亨夹克的人的心境很不同于那些听到广播车在住所外面发出喧闹而刺耳的嘟嘟声的人，因为洛杉矶法

————————

① *Cohen v. California*，403 U. S. 15,21-22(1971).

院大楼里的那些人只要转过身去,事实上就能避免对他们感受力的继续侵扰。并且,虽然或许一个人走在法院大楼的过道里比在中央公园闲逛时,对法律可以认可的某种隐私利益具有更重要的请求权,但是,这绝对不像某个人关在自己家里,就摆脱了那种令人讨厌的表达利益。就具体案件有关因素的微妙和复杂而言,如果科亨的"言论"在其他情况下有权受到宪法的保护,事实上公共建筑物里有些不愿意的"观众"可能已经短暂地接触了科亨的言论,像这个案件一样,没有证据证明无力避开上诉人行为的那些人事实上确实反对过这种行为,并且如果科亨的定罪所依据的那部分法律无论在字面意义上或是加利福尼亚法院的解释中都没有引起对被动受众的异常困境的关注。相反,在加州的禁止性规定中,不加区别地清除了妨碍"任何一个邻居或人"的所有"无礼行为",法院认为这个事实无法用来证明对这种平静的侵害方式做有罪判决是正当的。①

这种观点在后来的判决中被吸收。思科尔村不能禁止纳粹分子经镇上许可在村礼堂前举行游行,因为联邦第七巡回上诉法院认为这没有侵犯村民的住宅,他们不是被动的受众,如果他们愿意,只要在星期六下午不去村礼堂三十分钟就不生气了。② 行人看到公寓窗户里倒插的国旗而不高兴,这没有道理,因为按照宪法,公开表达思想不会仅仅因为思想本身令某些听者讨厌而被禁止,而且,插旗的人没有把个人想法强加给被动的受众,也就是行人,后者本来就很容易地避开了这种展示。③ 法律规定当公共法令禁止在公共街道或场所能看到的屏幕上放映有裸体镜头的电影

① *Cohen v. California*, 403 U. S. 15,21-22(1971).
② *Collin v. Smith*, 578 F. 2d 1197,1207(1978).
③ *Spence v. Washington*, 418 U. S. 405,412(1974).

是违宪的，看到这种景象的行人不是被动的观众，因为"当政府作为审查人根据某些言论比其他言论更讨厌，有选择地保护大众不受某些言论的影响时，第一修正案严格限制它的权力……。这种选择性的限制措施只有当讲话人侵犯了住宅的隐私……，或被动的程度使不愿意的观众或听众实际上无法避免接触时，才被确认"，"我们必然因许多目的而是被动的受众……，然而，宪法没有允许政府判断哪些其他情况下受到保护的言论类型非常令人讨厌，需要对不愿意的听众或观众提供保护措施。相反，没有上述的严格情况，通常责任由观众承担，'仅仅转过身去，避开继续侵扰自己的感受力'"①。

二

在那些有关学校和学生的案件中，法院依靠隐喻式的"被动的受众"原则的同时，它们也用隐喻式的"思想的市场"。一方面，学生在学校里经常被视为被动的受众；另一方面，学校和教室被法院反复用来指定为思想的市场。

虽然最高法院认为"大学教室和它的周边环境尤其是'思想的市场'"，但是，下级法院解释这个市场中的学生是被动的受众。1970年，马萨诸塞大学一名艺术教师的画作在学生会走廊的墙上展出时，因为有争议后来被取下了。第一巡回上诉法院依赖"被动的受众"这个隐喻判决老师败诉。法院说，校方管理人员"有权决定走廊的主要用途……。根据收到的投诉，而且即使没有投诉，被告有理由发现展览不适合于走廊的用途。实际上，如果有被动的

---

① *Erznoznik v. City of Jacksonville*, 422 U. S. 205, 209(1974).

受众,被告有权对'个人隐私的侵扰'提供保护"。[①]

经济学马丁教授持续在上课时使用下流语言,学校警告如果他继续说脏话,将被暂停和终止教职。马丁对此并不注意,继续在课堂诅咒。学校终止了马丁的工作。第五巡回上诉法院判决马丁败诉,认为马丁的学生是被动的受众,马丁的语言不受保护,因为就环境而言,他的话构成故意过分地攻击"被动的受众",没有学术目的或正当性。[②]

中学生物老师把课堂作为"阐述自己关于校长、校董事会和学校制度的观点的跳板",对十年级学生讲述自己荒唐下流的行为。法院宣布"本案无涉教师课堂之外的第一修正案保护的言论或陈述",十年级的生物课学生"有不听的权力自由,作为被动的受众,应能够期望保护不受不恰当的课堂活动的影响。原告有权批评自己的教师,校方把那种权利的行使限于不侵犯十五岁孩子的课堂,必须与学校富有意义的管理需要相适应"[③]。这说明法院把教室看作思想的市场,学生是思想市场中被动的受众。

法院也以被动的受众为标准,判断学生在学校的行为是否合理或者合法。华盛顿贝瑟尔高中的优等生马修·弗雷泽因为违反禁止使用"淫秽、下流的语言或手势"的校规,被学校停学三天,取消了发表毕业演讲的许可。他向联邦地区法院起诉。初审法院和上诉法院都判决他胜诉,但最高法院判决他败诉,认为以前的判决"认可家长以及校董事会的明显担忧,他们以委托人身份防止孩子,尤其是处于被动地位的观众,接触两性方面坦率的、无礼的或

---

① *Close v. Lederle*，424 F. 2d 988,990(1971).

② *Martin v. Parrish*，805 F. 2d 583,584(1986).

③ *Moore v. School Bd. of Gulf County*，364 F. Supp. 355,359-360(1973).

淫荡的言论"①。

从美国法院的这些判例中，可以得到一个双重信念的观点：没有不受质疑和约束的自由市场，被灌输的学生不是封闭的接受人。思想市场各种隐喻的不一致实际是美国资本主义社会思潮发生变化时的一种法律话语表征，揭示了市场理念对社会各个方面的深刻影响。几十年里，是否是一个被动的受众，取决于每个法官的看法。这正好反映了法律隐喻概念本质上体现不同的价值观，是司法实践中最难以判断和解决的现实社会问题在司法实践中的具体表现。

———————————

① *Bethel Sch. Dist. No.* 403 *v. Fraser*, 478 U. S. 675,684(1986).

第八章

言论是火

在美国法律史上,言论自由的意义从来没有像 1917 年前后那样成为激烈争论的目标。一战时期,超过 1900 个控诉案件和其他司法诉讼涉及言论、报刊文章、小册子和各种图书;战后,出现了考虑惩罚鼓吹极端激进主义的大量法案。在这个时期,火和法律休戚相关。霍姆斯相信自己通过关于战争的审判"引发了大火",将成为普罗米修斯般的播火人。最高法院使用隐喻"火"和它的对等词,其效果是把言论等同于与火有联系的恐惧、威胁和破坏性,把"极端的"传单、小册子和言论等同于美国人目睹经历过的令人害怕的大火和"拥挤的剧院"中发生的火灾。但是霍姆斯以火为根据的修辞天赋不久就猛烈发展,超出了他的控制能力。有一点毋庸置疑,"极端的"言论和出版物得不到宪法的保护。

一

火的隐喻始于史奈克诉美国案的判决。史奈克散发的传单中把征兵比作奴隶制,暗示征兵最坏的形式是专制主义和为华尔街选中的少数人的利益而实施的、违反人性的可怕罪行,宣传不要向恐吓屈服。在上诉时，霍姆斯维持了对他的有期徒刑判决，把被告的行为比作在剧院中"错误地大喊着火了、造成惊慌"。最高法院全体法官一致认定他违反了 1917 年反间谍法，做出有罪判决。大法官霍姆斯阐述了自己的"明显现实的威胁"标准，认为：

> "每个行为的特征取决于做出行为的具体情况……。言论自由最严格的保护措施应该不会保护在剧院错误地大喊着火了并且造成了恐慌的人……。它甚至不能避免一个人说了有这种效果的话而不受禁止。案件的关键问题在于这种情形下是否使用了这种言辞和这种言辞有造成明显现实危险的性质，而这种危险将造成严重的恶行，国会有权予以阻止。它是一个关于近因和程度的问题"。①

通过使用"错误地大喊着火了"的类似情况，他把"在剧院错误地大喊着火了并且造成恐慌"暗指为一种危险，把它的紧迫性和严重性成功地归咎于史奈克的言论。于是，就像一个人无法期望因

---

① *Schenck v. United States*, 249 U. S. 47, 51 (1919). But the character of every act depends upon the circumstances in which it is done. …… The most stringent protection of free speech would not protect a man in falsely shouting fire in a theatre and causing a panic. It does not even protect a man from an injunction against uttering words that may have all the effect of force……The question in every case is whether the words used are used in such circumstances and are of such a nature as to create a clear and present danger that they will bring about the substantive evils that Congress has a right to prevent. It is a question of proximity and degree. When a nation is at war many things that might be said in time of peace are such a hindrance to its effort that their utterance will not be endured so long as men fight and that no Court could regard them as protected by any constitutional right.

为在剧院错误地大喊着火了并且造成恐慌而得到第一修正案的保护一样,史奈克也不能期望自己的政治表达行为得到宪法的保护。这个司法咒语简洁易记、没有行话、值得引用,而且当时的美国还是火灾肆虐,公共剧院没有几个安全出口,消防技术非常落后,许多有影响的火灾还在大多数美国人的脑海中不时闪现。

尽管被嘲笑为"琐碎和误导人的","在拥挤的剧院中错误地喊着火了"这个格言在法律文化中逐渐有了两层功能:首先,这个形象充当了不受保护的言论表达的典型;其次,它作为具有司法影响的咒语而使用,引导对解释性选择的接受。它被法官们吟诵一次、二次、三次之后,这个格言回响在美国人的脑海中,让人联想到言论作为公共秩序主要威胁的便捷形象。在法律演出中,它提供了重要的情绪灯光,布置了即将到来的解释举措的场景。从它在宪法话语中第一次被引述时起,它要么是榜样,要么是陪衬。这个格言也超越了简单设置的严格类比,以新颖而有想象的方式使用。几年之后,法院将它与诸多不同的事项联系,如过于城市化的喧嚣、收音机里播放的粗俗笑话、法院外面吵闹的示威,起火引起的惊慌和践踏的混乱印象。

最高法院判决史奈克败诉一周后,也判决雅各布·弗洛沃克败诉。弗洛沃克在密苏里州的斯塔兹报发表了几篇文章,质疑强制征兵、派遣美国军队去法国参战的合宪性,并且主张"我们参战是为了保护华尔街的贷款"。他也因为违反 1917 年反间谍法而被定罪,而且霍姆斯又用火的象征性来说明限制弗洛沃克言论的正当性:

> 我们必须如实记录案件,案卷中不可能这样写,或许
> 没有发现文章的传阅是在一个轻呼一口气就足以点燃火焰

的地方,写文章的人知道这种事实,并且依赖这种事实。①

在弗洛沃克案中,不仅有可能着火,而且隐喻也告诉人们"点燃火焰"不费多少力气,只是"一口气",也就是密苏里州斯塔兹报上的那些文章。

尽管"在拥挤的剧院中错误地大喊着火了"被嘲笑为"琐碎和误导人的",但这个隐喻在美国法律文化中逐渐充当了不受保护的言论表达的原型,作为具有司法影响的咒语而使用,被后来的许多判决所选择和接受。

基特洛诉纽约案中,最高法院使用了火的隐喻,并且比弗洛沃克案引申得更深入。基特洛散发了几千份"左翼宣言",用最高法院的话说,"用热烈的语言鼓吹和激励大规模行动,这种行动将逐渐煽动产业工人的骚乱,通过大规模的政治罢工和革命行动推翻和摧毁有序的议会政府"。1920 年,基特洛和其他三人因违反纽约法律被判有罪。大法官桑福德提交了法院的判决书,写道:

> 一个革命的火花可以点燃一堆火,这火焖燃了很久,突然爆发为席卷一切、破坏力极强的熊熊大火。不能说政府在判断保护公共和平和安全所需要的措施时行为武断或不理性,政府尽力扑灭火花,无需等到火焰燃起或火光四射之时。理智地讲,不能要求等到革命性的言论实际扰乱了公共和平或紧迫地、直接地危及和平时,才采取

---

① *Frohwerk v. United States*, 249 U. S. 204, 207(1919). It is impossible to say that it might not have been found that the circulation of the paper was in quarters where a little breath would be enough to kindle a flame and that the fact was known and relied upon by those who sent the paper out.

措施。但是,在做出判断时,应该阻止危险在早期可能带来的威胁。①

但是,大法官霍姆斯和布兰代斯在基特洛案中持反对意见,认为"没有现时的危险,那些持有被告观点的绝对少数派企图用暴力推翻政府"。霍姆斯没有使用火的隐喻,而是使用了一个比喻,把基特洛"宣言"的危险降到了最小:

据说这个宣言不仅是一种理论,而且它还是一种煽动。每一个思想都是一种煽动。它证明自己要人们相信,如果人们相信了,就按其行事,除非其他信仰超过了它,或者由于它一出现就缺乏某种活力,阻碍了自身的发展。表达观点和严格意义上的煽动唯一的区别是讲话人追求结果的激情。雄辩的口才可以使理性冒出火花。但是,无论人们如何看待眼前这个啰嗦的演讲,它没有机会当场点燃大火。②

___

① *Gitlow v. New York*, 268 U. S. 652,669(1925). A single revolutionary spark may kindle a fire that, smoldering for a time, may burst into a sweeping and destructive conflagration. It cannot be said that the State is acting arbitrarily or unreasonably when in the exercise of its judgment as to the measures necessary to protect the public peace and safety, it seeks to extinguish the spark without waiting until it has enkindled the flame or blazed into the conflagration.

② Ibid. , 673. It is said that this manifesto was more than a theory, that it was an incitement. Every idea is an incitement. It offers itself for belief and if believed it is acted on unless some other belief outweighs it or some failure of energy stifles the movement at its birth. The only difference between the expression of an opinion and an incitement in the narrower sense is the speaker's enthusiasm for the result. Eloquence may set fire to reason. But whatever may be thought of the redundant discourse before us it had no chance of starting a present conflagration.

在弗洛沃克案中，如基特洛案一样，火的隐喻想象出了认知语言学所谓的"经验完形"或"理解结构"，一种可重复的语言组织结构，容纳了文化事件、信仰模式、世界观和熟悉的感受。根据最高法院火的隐喻激发的理解结构，被作为纵火犯的讲话人点燃的言论像火。火成为意义不明确的、有倾向的象征物，是学术分析中确立已久的技巧。正如这种语言手段暗示的一样，革命言论的火花非常易燃，如果不加控制，它将确定无疑地引起咆哮的大火，消灭美国人了解的世界。用这种方式，大多数美国人童年时代关于火的经验认知被转化为理解法律行为的方式。

更具体地讲，意识形态颠覆的威胁在公众的想象中有助于在火和陌生思想之间产生紧密而自然的联系。政治精英们和普通市民一样，在街头、报纸和收音机中偶然接触到有关当时社会思潮的各种文学或活动。实际上，此类作品充斥着言论是火的隐喻。火具有的令人害怕、不可避免、耗尽一切的特性与那些接触过这类思想的人之间产生了强烈的共鸣。

这些案件中，"火"的隐喻意味着死亡、破坏和荒芜，这种意象与1878年到1918年之间美国各地发生的一系列大火灾密切相关，这些火灾证明了无法控制的大火摧毁当时的木质建筑物时的力量和破坏性。

基特洛案中，法院事实上描述了与火的隐喻决斗。即使多数法官的判决意见激发火的意象去使人害怕、震惊以及证明国家禁止言论的合理性，霍姆斯的反对意见，刘易斯·布兰戴斯的赞同，都利用了火的更为积极的特点。霍姆斯巧妙地用同行的隐喻去反对他们，不是试图终止言论是火的隐喻程式，而是提议转变它应该如何使用。对霍姆斯而言，言论表达依旧是易燃物，但他敦促发出警报和灭火的任务不应当只交付给国家，至少有充足的疑问怀疑言语是否伴随违法的状态。

　　大法官布兰戴斯创造的生动格言遭遇相似的命运。惠特尼诉加利福尼亚案维持了对违反州的刑事工联主义法的人做出有罪判决。在同意意见中，大法官布兰戴斯赞同有大量的证据维持有罪判决，但不认可多数派认为第十四修正案不会保护在遥远的未来鼓吹革命集会的判决意见。值得注意的是，他说："人类害怕女巫，于是焚烧女人。言论的职能是使人免于不理智的恐惧的奴役。"①大法官布兰戴斯的这个隐喻中呈现了一个原始的世界，一个人们面对不理解的现象时鲁莽行事的时代。"友好言论的曼陀罗可能已经出现在菜单中，但当下无人点它"②。

二

　　1940 年代末期和 1950 年代早期是一个言论是火的隐喻发展过程中的过渡期。二战结束之后，美国面临的外部威胁暂时平息，公众的注意转向国内，从担忧外来思想进行政治颠覆转移到对种族和族群地位的关注，以前主导性的隐喻放松了对人民言论自由的控制，很少有法院以这个隐喻为基础做出生效判决，更多的是出现在反对意见中，但火的隐喻的内部结构受到战时各种记忆的激励，依旧整体未受影响。最高法院在和平时代坚持倾向于把言论作为雄辩但危险的成果对待，总是快速迸发出"煽动性的语言，如在学校或剧场中大声喊出"火"或其他令人兴奋的街头言论"。实际上，反

---

① *Whitney v. California*, 274 U. S. 376（1927）. Men feared witches and burnt women. It is the function of speech to free men from the bondage of irrational fears.
② Robert L. Tsai, 204.

集权主义运动，作为二战的遗产，彻底主导了言论自由的神话。

山下案中，只有大法官弗兰克·墨菲在最高法院拒绝给一名日本将军人身保护令的判决中持反对意见，公开谴责"民族主义之火"①。在奥雅玛诉加利福尼亚案中，大法官墨菲在他冗长的同意意见中写到："日本人的到来再次激起了反东方偏见的火焰"，并且"种族仇恨之火被引燃，火焰上升到新的高度"②。博阿尔内诉伊利诺伊州的判决意见中，持反对意见的大法官杰克森坚持认为"清楚和现时威胁标准的优点之一是事实的审判者将考虑种族关系的现实状况，任何阴燃的火苗都将煽动为大破坏"③。德福尼斯诉奥德加特案中，大法官道格拉斯反对最高法院依据假设的理由处理案件，反复引用"人群拥挤的剧院中的火"，"当掌握控制权的人能够想出'令人信服的'理由来证明以种族为根据的歧视合理时，如果它被持续许可，那么宪法的保障措施开始具有可折叠的特性。当言论引起斗争，像在拥挤的剧院喊叫'火'引起骚乱一样，言论就与火紧密结合"④。

在史密斯诉考林案中，最高法院进一步审理是否允许三K党在伊利诺伊州的游行。大法官哈里·布兰克姆执笔了反对意见，再次把火的意象与种族、言论和二战的恐怖联系："我们面对可能

---

① *In re Yamashita*, 327 U. S. 1(1946). fires of nationalism.

② *Oyama v. California*, 332 U. S. 633, 659(1948). The arrival of the Japanese fanned anew the flames of anti-Oriental prejudice. The fires of racial animosity were thus kindled and the flames rose to new heights.

③ *Beauharnais v. Illinois*, 343 U. S. 250, 304(1952). One of the merits of the clear and present danger test is that the triers of fact would take into account the realities of race relations and any smoulder- ing fires to be fanned into holocausts.

④ *DeFunis v. Odegaard*, 416 U. S. 312, 343 - 344(1974). If discrimination based on race is constitu- tionally permissible when those who hold the reins can come up with 'compelling' reasons to justify it, then constitutional guarantees acquire an accordionlike quality. Speech is closely brigaded with action when it triggers a fight, as shouting 'fire' in a crowded theater triggers a riot.

爆炸的间接证据,激发人们回忆那些不能忘怀的二战中令人痛苦而难忘的经历。"他更进一步提出了这种可能:"当市民不是碰巧而是深信不疑地主张,所提议的示威计划以对该地市民讥讽和不敬的地点和方式进行时,那种主张仅仅可能属于某人在拥挤的剧院大喊'火'的同样范畴"①。

　　这一时期的一个趋势是美国法院逐渐使用支持言论自由的隐喻来反对积极限制言论自由的隐喻。1945 年的托马斯诉考林案预示了 1960 年代将发生什么:常规隐喻不断出现和火的隐喻出现频率的相对下降。最高法院认为得克萨斯州法律规定工会代表必须取得组织者身份证件的规定侵犯了工会领导者的言论和集会权利,"集会完全是和平的,只有合法的目的"。然后,法院指出"本案与这类案件没有任何可比之处:在拥挤的剧场中用'火'创造清楚和现时的、国家可以避免或预防的危险的案件"②。这样做,大法官们树起了这样一种形象:公民们为消除错误的火警传播恐慌的影响,聚集在一起做分内之事。六年之后的昆兹诉纽约案中集会再次击败了火。最高法院推翻了街头牧师因为在公开礼拜前没有取得许可而被判有罪的判决。大法官文森的判决书使人们最有可能把昆兹的个人行为理解为犹太教和天主教杂乱无章的个人职责行为,它们被称为是"宗教聚会",与讨论公开问题的集会进行有利的比较。即使杰克森的反对意见依旧使用了火的隐喻,但也不同于以前的原意,认为从隐喻的角度,在大喊"火"的情况下听众"可

---

① *Smith v. Collin*, 439 U. S. 916, 919(1978). when citizens assert, not casually but with deep conviction, that the proposed demonstration is scheduled at a place and in a manner that is taunting and overwhelmingly offensive to the citizens of that place, that assertion …. just might fall into the same category as one's 'right' to cry 'fire' in a crowded theater.

② *Thomas v. Collins*, 323 U. S. 516, 536(1945).

以秩序良好的排队走出剧场。但是，真实情况是有人将受伤"①。

1951年判决的邓尼斯诉美国案或许可以视为是火的隐喻发生转变的一个象征性案件。该案的每一个判决意见都使用了言论是火的隐喻，可以说火如雨下，说明大法官们乐于挥舞这个修辞的工具来用十年时间推动过分自信的反社会主义计划。

首席大法官弗雷德·文森执笔的多数派判决意见维持了对尤金·丹尼斯和他的同伴共同鼓吹推翻政府的有罪判决，"强调了世界局势一触即发的性质"，并且警告"如果这种反应的各种要素是现时的，除非增加刺激因素，否则不能限制政府等候时机"②。大法官罗伯特·杰克森的同意意见中也使用了火的隐喻，认为清楚和现时的危险标准应用于"街角鲁莽的言论，或散发几份煽动性册子的"情形，但是没有给政府与最狡诈的专制主义斗争的必要余地。大法官威廉姆·道格拉斯在邓尼斯案判决的反对意见中巧妙地同时引用了言论是火和惠特尼案中放火烧女巫的意象。道格拉斯首先承认"今年没有危害的言论换个时间就会煽起破坏性的火焰，为合众国的安全利益必须阻止它"③。但是，在陈述了支撑言论自由的惠特尼案之后，他暗示因鼓吹某种思想而惩罚被告等同于放火烧可能造成危险的女巫。他用言论是火的积极符咒来否定其消极的符咒，暗示人类进步的本能应当使规制政府的司法监督具有合理性。

在这些案件中，源于美国人生活经验的各种因素，如对有关爆

---

① *Kunz v. New York*, 340 U. S. 290, 315, 317（1951）. Listeners might metaphorically "file out of a theater in good order at the cry of 'fire.' But . . . there is a genuine likelihood that someone will get hurt.

② *Dennis v. United States*, 341 U. S. 494, 511(1951).

③ Ibid., 585. Speech innocuous one year may at another time fan such destructive flames that it must be halted in the interests of the safety of the Republic.

炸物普遍存在的担心，被归纳、融合为一种担忧，编造为一种尖刻的认知威胁：传授共产主义戒律是刺激因素，但各州作为消防员的早期预警制度在灾难发生前就扑灭了火花。

"烧塌房子烤乳猪"[①]，从修辞上讲，是一个从想象的叙述中产生的容易记住的箴言，这个箴言又被磨炼成具有司法影响的精致工具，法官们利用火的神秘感来说明对政府法规进行温和审查的合理性，最高法院在宪法话语中开始继承偶像般的消防员的衣钵，保障社会法律秩序不受煽动性法律的影响。[②]

"烧塌房子烤乳猪"据说来源于远古时代的中国故事。房子烧掉后，父子二人发现烧焦的小猪味道棒极了，而这被朱门紧闭的上流社会所效仿，于是就产生了一道佳肴。[③] 这个格言在泰尔诉南太平洋案中被称为"烧掉谷仓烤猪吃"。一年后，弗兰克福特精明地使它具有了现代性，把谷仓替换为更能唤起感情共鸣的普通房子。[④] 就战后的迅速发展、家庭所有权的增加和农村经济的衰落而言，着火的房子肯定比它的前身更具有强有力的心理意象。

言论自由案中，这个隐喻第一次出现在美国通信协会诉杜兹案中。该案维持了劳动管理关系法规定工会有条件地承认工会官员宣誓他们不属于被认为推翻政府的任何组织。弗兰克福特单独写了自己的意见，描绘了一幅被大火吞没了的家园和猪的生动

---

① "burning down the house to roast the pig"是维多利亚时代的散文家和诗人查尔斯·兰姆在一个充满十九世纪东方情调的故事中描述的故事。父亲外出，儿子玩火，不小心烧着了家里的茅草房和一窝小猪，意外发现烤猪肉味道好极了。父子二人被官府指控为纵火，但却被宣告二人无罪。从此以后，社会的所有阶层都在尝试火烧房子的危险诀窍，只为有机会品尝烤猪的味道。

② Robert L. Tsai, *Fire, Metaphor, And Constitutional Myth-Making*, 93 Geo. L. J. 181, 218(2004).

③ Robert L. Tsai, 219.

④ Robert L. Tsai, 220.

画面来说明,国会使用过于模糊的术语可能损害政府形象,而这是国会力图通过制定该法来保障的目标。①

　　着火的房子这个隐喻有两个令人好奇的变体值得简单提一下。大法官杰克森重复过一个特别有争议的版本:"作为控制暴民的措施,政府让讲话人噤声就像炸毁房子阻止大火蔓延。②"在一个有关披露大陪审团材料的案件中,首席大法官沃伦·伯格通过把多数人的判决描绘为"烧掉房子灭老鼠",用这个隐喻来突出目的和手段之间的距离。这两个隐喻都没有烤猪简洁有力,都出现在反对意见中,这可能是它们从来没有被大法官们重复使用的原因。③

　　在这之后的二十年中,当火的意象逐渐变得明显时,隐喻"着火的房子"与言论是火的隐喻结合在一起。烤猪这个魔咒被宪法行为人释放出来支持这种观点:受到质疑的法律过于宽泛或因其他原因不足以符合国家的利益,或一个法律不能仅仅因政府的有益动机被保留,或法律错误地限制只适合于儿童的成人表达方式。这个法律曼陀罗开启了言论自由文化新的语言范围,因为火被利用来促进表达自由。烤猪的行为代表政府的善良目的,同时隐喻中的房子被经常用来代表法律,象征美国人的宪法秩序,由于意图良好的官员的行为而被粗心大意地点燃。法官对政府立场的愚蠢摇头惋惜,美国人对法院随时准备匡时济世而感欣慰。

---

① *American Communications Association v. Douds*, 339 U. S. 382,419(1950).
② *Kunz v. New York*, 340 U. S. 290,302 (Jackson, J., dissenting) "[S]ilencing a speaker by authorities as a measure of mob control is like dynamiting a house to stop the spread of a conflagration.".
③ Robert L. Tsai, 220.

三

魔咒的魅力在于人无需有丰富的文学背景就能理解它的含义。格言难以忘记、简洁明了，普通人容易使用。它被反复吟诵的那一刻，读者马上感到修辞描绘为烤猪的行为人没有考虑他们的利益，产生了这样的印象：这样描写的当事人很可能行为过分，因为自己头脑简单，甘冒有损宪法良好秩序的风险，就像故事中目光短浅的主角牺牲安全来获得罕有的、但极其短暂的烹饪乐趣一样。未来充满善意的消防员被揭露是最糟糕的笨拙的放火犯。

1989 年，在里士满市诉克罗森案中，最高法院推翻了市政当局根据平等保护条款作出的纠正歧视行动计划。[①] 在 R. A. V.[②]诉圣保罗案中，最高法院宣布当地一个反对偏见的条例无效。最高法院推翻了圣保罗的条例，把黑人在庭院中焚烧十字架的令人害怕的意象与毁灭第一修正案的火焰意象交织在一起，引人争论："我们的信念不会有误会：在某人的前院中烧十字架是应受指责的。但是，圣保罗有足够的手段来阻止这种行为，而不是把第一修正案架到火上。[③]"大法官们令人吃惊地笔锋一转，强调了他们相信这个条例的破坏性是什么，把人们的注意力从对这种具体的焚烧十字架转向抽象和根本的原则，暗示允许这部法律继续生效

---

① *City of Richmond v. J. A. Croson*, 488 U. S. 469(1989).

② R. A. V. 在法庭文件中指一名美国黑人青少年，他因为在家里的草坪上焚烧十字架而被指控违反了宪法第一修正案对言论自由的保护。

③ *R. A. V. v. City of St. Paul*, 505 U. S. 377,396(1992). Let there be no mistake about our belief that burning a cross in someone's front yard is reprehensible. But St. Paul has sufficient means at its disposal to prevent such behavior without adding the First Amendment to the fire.

将对法庭之外的其他人伤害更大。

该案中,人们担心的火不再是有争议的表达方式,而是受到质疑的管制行为或行政法规。这个衍生的隐喻暗示,如果火没有被扑灭,受控制的火焰将损害美国宪法第一修正案保护的自由,它们现在是宪法秩序的关键所在。因此,最高法院拒绝了政府的观点:所用的法律保护措施降低了对言论自由原则的不良影响。

具有重要影响的市场隐喻和新兴的火隐喻都被雷诺诉美国公民自由联合会案应用到了网络空间。该案是一个里程碑式的判决,表明第一修正案的各个原则应当制约政府对技术的管制,这种技术使独一无二的全新的全球人际通讯媒介成为可能。通讯准则法禁止向未满 18 岁的人传输淫秽或下流的信息。大法官约翰·保罗·斯蒂文森执笔的最高法院判决书把互联网描述为"各种思想的新市场"。这个场景把互联网描绘成生气勃勃的街市,以信息为交易物的人们相对平等地洽谈生意,而不是黑暗、流动、隐秘的场所,对不谙世事的孩子来说,各种危险四处潜伏。美国人再次看到火噼啪作响,从文本中跳出,"在塞布尔案中,我们论述过争议中的言论限制等同于烧塌房子烤猪。通讯准则法给言论自由投下了非常黑暗的阴影,预示会烧掉一大部分的互联网社区"①。

在较早时期,扩展的隐喻使政府扮演英勇的消防队员,他们表现出"街头急性子言论"或共产主义消息提供者或逐渐发展的意识形态的特点。现在,跨步进来阻止政府的是作为消防员的最高法院,最新的宪法纵火犯,从"把第一修正案架到火上"到"烧掉房

---

① *Reno v. ACLU*,521 U. S. 844,882(1997). In Sable,we remarked that the speech restriction at issue there amounted to "burn[ing] the house to roast the pig." The CDA,casting a far darker shadow over free speech,threatens to torch a large segment of the Internet community.

子"。隐喻的表演性激发了美国人对政府怀有的那种欢迎和感激之情,它们被政府作为纵火犯的持久的不信任感所代替。因此,对政府的温情转移到了最高法院,现在人们相信它知道什么最有利于法律秩序。

于是,弗兰克福特的烤猪的魔咒和扩展的火隐喻结合到一起。按照这种组织方式,这种组合象征言论不再施加主要的认知危险,相反,已经成为火花的是对言论的控制,它是美国人生活方式中始终存在的威胁。

在这个隐喻的发展过程中,最高法院的态度影响重大,各个社会团体也竞相使用这个符咒。在大法官们听取数据分析师的辩论之前,《连线》杂志宣布"国会和总统已经决定举行一次烤猪餐会,并且在此过程中他们正在烧掉房子"①。大法官斯图亚特·泽尔坚持认为"任何以内容为依据的互联网控制,无论目的多么高尚,可能烧掉地球村来烤猪"②。美国公民自由联盟发表了针对名为《华氏451.2:虚拟空间着火了?》的有关互联网过滤软件的文章,该文警告政府使用此类技术引发的"浓烟""可以点燃互联网的言论自由",而且"未来之火可能更难以发现和扑灭"③。劳伦斯强烈谴责最高法院2002年的判决维持国会对版权有效期限的延展,认为"我们没有烧掉房子烤猪,甚至没有保留一只老鼠"④。2004年3

① Todd Lappin, *The First Amendment*, *New Media*, *and the Supreme Court*, WIRED, Spring 1996, Congress and the President have decided to hold a pig roast, and they're burning down the house in the process.
② *ACLU v. Reno*. 929 F. Supp. 824, 882 (E. D. Pa. 1996) (Dalzell, J., concurring), "any content-based regulation of the Internet, no matter how benign the purpose, could burn the global village to roast the pig."
③ Robert L. Tsai, 228 - 229.
④ See, e. g., Lawrence Lessig, *Copyright Law and Roasted Pig*, Red Herring, Oct. 22, 2002, available athttp://www.lessig.org/content/columns/red2.pdf.

月，大法官们针对儿童在线保护法的合宪性进行了激烈的口头辩论，联邦合议庭曾经两次以言论自由为理由推翻了该法。原告、答辩人的辩护律师安·碧森在陈述结束时简洁地说："政府不能烧掉房子烤猪"。她放出法律的魔咒来反驳副总检察长泰德·奥尔森提出的令人恐惧的景象，不知情的儿童被明确的性内容所玷污，这长期以来推动着禁止淫秽内容的法律。①

---

① John Schwartz, *Justices Hear Arguments on Internet Pornography Law*, N. Y. TIMES, Mar. 3,2004, at A14.

第九章

主体资格

　　主体资格(standing)是法院审议诉讼当事人的主张时自然而然就使用到的一个隐喻,尽管在普通法律话语中把它作为一个法律术语使用。从认知角度讲,这个隐喻受到人类经验的激发,来源于法庭的诉讼实践:如果当事人能站在法庭之上,法院就会审理他的案件。主体资格隐喻是一个神话,已经演变为左右人们审判思维的"字面真理",决定了关于裁判的思想要符合隐喻体现的两个独立的"真理",把它们作为一个整体来思考。

　　第一个"真理"是个人主义:一个人独立站立,立于众人之中。用隐喻构建的主体资格法律现实中,没有森林,没有生态系统,只有树木屹立。第二个"真理"是个人必须与法院有某种关系,他要设法引用法院的权力;如果他站在法庭之上(有诉权),法院将只考虑他必须主张什么。这个隐喻使人们关注当事人的法律地位和普通法律程序概念之间的关系,影响了人们的看法。[1]

―――――――――

[1] Steven L. Winter, *The Metaphor of Standing and the Problem of Self-Governance*, 40 Stan. L. Rev. 1371(1988),1387. The first is the "truth" of indi-vidualism: One stands alone; one stands up; one stands apart; one stands out; one stand-s head and shoulders above the crowd. ……The second "truth" emb-(转下页)

一

　　大法官马歇尔的时代，"主体资格"这个术语就在使用，被作为隐喻用来描述案件与当事人之间的法律关系。利德戴尔遗嘱执行人诉罗宾逊遗嘱执行人案涉及债权人的优先顺序，法院认为：

　　"连带责任的担保人继承主债务人的法律诉讼资格"①。

　　加洛韦诉芬利案是一个撤销土地买卖合同的衡平法诉讼，法院认为如果买方了解到卖方的所有权是有瑕疵的，就不允许他以买方的身份来反对协议。②

　　最高法院最终用这个隐喻来说明诉讼当事人的法律地位，通常这种用法有两种形式，但都与现代意义上的主体资格原则没有关系。最常见的情形是最高法院用这个隐喻来证明当事人对案件事实无权利主张，就像在路易斯安那购置案中，那些过去具有西班牙产权的人在一系列案件中提出土地索赔时法院判决的那样。国会曾经规定产权必须得到联邦委员会的确认。许多最初的定居者没有获得这样的确认，法院用"主体资格"的语言裁定不支持他们的主张，例如勒布瓦诉布拉威尔案中，法院否定了原告未经确认的

（接上页）odied in the metaphor is that the individual must have a particular kind of relationship to the court whose power he or she is seeking to invoke: A court will only consider what a party has to say if he or she is standing. This view colors our thinking because it focuses us on the relationship between a party's status and a generalized conception of legal process.

① *25 U. S.*（*12 Wheat.*）596（1827）. Sureties succeed to the legal standing of their principal . . . .

② Ibid. , 1418. A buyer who learned that the seller had bad title "could not be permitted to avail himself of it whilst standing in the relation of a purchaser, to defeat the agreement . . . .

西班牙产权,因为她在衡平法院或者普通法院都没有诉权。[1]

里奇诉富兰克林县案中,法院拒绝当事人对案件事实的请求时,用这个术语指代权利请求人,而不是请求权。里奇以纳税人身份提起衡平法的诉讼。他证明县法院根据州的法律授权发行债券,按照该州宪法的规定这是违法的,因而起诉县法院和债券持有人。最高法院维持了债券的合法性,判决"由于被告主张自己是无罪的持有人,……原告在衡平法院没有诉讼资格"[2]。勒布瓦和里奇案中,法院用这个术语来表示缺乏有关事实真相的诉讼。但是,按照现代的诉讼资格观念分析,这两个案子有很大的不同。勒布瓦具有私权利模式的特点,原告显然遭受了具体损害,普通法院可以判决补偿;里奇案却是构成性的公权利模式,遭受的损害无法证明,可以和其他纳税人共同承担。

在关于主体资格的早期案件中,美国法院对主体资格的明确考量是对事实真相的调查,也用它来说明宪法第三条等同于支持以当事人为依据的标的物管辖权。利文斯通诉斯托雷案中,法院驳回了跨州公民之间的诉讼,因为原告没有对居民身份进行合理辩护,使自己获得联邦管辖权。巴尔德温法官的反对意见认为像所有对法庭原告诉讼资格至关重要的其他案件一样,原告在答辩状里提出要求时,必须证明这一点,但答辩状没有承认,或者通过否认提出争议。[3]

---

[1] *Les Bous*, 45 U.S. (4 How.) 502,517(1846). Also see Steven L. Winter, 1419. Her claim had no standing in a court of equity or of law.

[2] *Ritchie v. Franklin* County, 89 U.S. (22 Wall.) 67,77(1874). As the defendants claim to be innocent holders, ... the complainant has no standing in a court of equity.

[3] *Livingston v. Story*, 36 U.S. (11 Peters) 351, 414 (1837) (Baldwin, J., dissenting). Also see Steven L. Winter, 1420. Like all others material to the plaintiff's standing in court, [the plaintiff] was bound to prove it when called on by an answer, which did not admit, or put it in issue by a denial.

　　十九世纪,主体资格这个术语出现了第三个用法,首次出现在关于公共妨害的衡平法案件中。乔治城诉亚历山德拉运河公司案中,乔治城市向联邦法院申请禁令,阻止在珀特马克河上建造渡槽,这可能妨碍运河和港口。最高法院认为该案不适合衡平法院管辖,用一个熟悉的战斗隐喻表明了自己的立场,"原告不可能在衡平法院发起抵抗",接着解释:"在诉求的发展中,乔治城案的意义不是教义上的,而是认知上的。上诉人似乎已经开始了这样的想法,作为乔治城的法人,它属于市民,照顾和保护公民的利益。但是……提起诉讼并作为记录在案的当事人,本身与本案有利害关系……。"①

　　普通法和衡平法之间管辖权斗争的折中办法有一个原则,就是规定特定的私人损害是对公共妨碍申请禁令的前提条件。

　　在上述案件中,核心问题是当事人是否对衡平法提供救济的利益或权利提出主张。里奇案中,当事人对衡平法不会对无辜的购买人行使权利的请求权提出了主张;德布斯案中,最高法院考虑衡平法可以行使什么样的权利,无论是公权还是私权。

　　但是,芝加哥枢纽案说明了"主体资格"最初的实体意义和后来的程序性用法之间的差距。相互竞争的公路公司提起衡平法上的诉讼来否定州际贸易委员会批准的一个出售交易。被告主张原告没有质疑法令的法定利益。布兰代斯大法官执笔了最高法院的判决书,首先认为原告有"重大利益",交通道路转向已经使原告承

①　37 U. S. at 99 – 100. [T]he plaintiff cannot maintain a stand in a court of equity. The significance of Georgetown in the development of standing is not doctrinal but cognitive. Toward the end of its opinion, the Court admonished that: The appellants seem to have proceeded on the idea, that it appertained to them, as the corporate authority in Georgetown, to take care of and protect the interests of the citizens.... But ... the persons who, by name, bring the suit, and constitute the parties on the record, [must] have themselves an interest in the subject-matter ....

受了不可弥补的损失，超过 10,000,000 元。这个主张没有说明相关问题，因为当事人需要的不是实际损害，而是可补偿的权利或法定损害。法院不是在竞争剧烈的事件中发现了那种权利，而是在拒绝给予原告平等待遇将造成的法定损害。[①]

这一时期，"法庭的主体资格"这个词语用来指当事人从法院获得衡平救济的能力，说明主体资格在当时是一个管辖权问题，就像利文斯顿或者切诺基部落案一样。这种解释符合历史上衡平法院具有独立管辖权的观点和衡平管辖权是以某些救济措施的可获得性来认定的观点。

<h2 style="text-align:center">二</h2>

从富星汉姆案和费尔柴尔德案开始，最高法院竭力把主体资格从管辖权观念中解脱出来。1926 年，最高法院认为：

> 原告寻求衡平法的救济，是否具有必要的主体资格是一个需要事实真相的问题，它的决定是使用管辖权。如果主体资格的解决不利于原告，恰当的裁定是因缺乏事实真相而驳回，不是缺乏管辖权。[②]

[①] *Baltimore & O.R.R. v. United States*, 264 U.S. 258,267(1924). The plaintiffs had "a vital interest .... The diversion of traffic has already subjected the plaintiffs to irreparable injury ... exceeding $10,000,000.

[②] *General In v. Co. v. New York Cent. R.R.*, 271 U.S. 228,230 - 231(1926). Also see Steven L. Winter, 1425. Whether a plaintiff seeking such [equitable] relief has the requisite standing is a question going to the merits, and its determination is an exercise ofjurisdiction. If it be resolved against him, the appropriate decree is a dismissal for want of merits, not for want of jurisdiction.

然而，隐喻的本体效应过于强大，"法庭的主体资格"听起来像管辖权问题，因为站着是接受法院审判的前提。大法官霍姆斯、珀米洛伊和最高法院确实用隐喻争论，但是输了。按照宪法第三条，在更重要的可裁判性意义上，主体资格成为一个管辖权问题。

主体资格现代学理的逻辑前件可以追溯到提出了第三人权利的那些案件：当事人寻求援引"属于"第三方当事人的权利。第三人权利的案件和它们在现代法理中的联系在于它们用主体资格的个人主义隐喻形成概念的共同过程。如果当事人能主张的仅仅是他自己的"个人"权利，那么他无法主张他人权利（第三人的权利），并且也不能主张团体的权利，除非他已经实际受到损害，并且所主张的权利与团体权利发生重合。

今天，美国法中第三人权利的普通观念发展自一个完全不同的来源：迪安·托马斯·库雷对各州执行职务令案件所做的解释。二十世纪之交的转折点出现在三个案件中。第一个案件，克拉克诉堪萨斯案中，法院引用库雷和斯坦利的论述来证明"法院不会听取一个权利没有受到影响、因此对败诉没有利益关系的一方当事人对行为合宪性的反对理由"。法院使用了私权模式的来源-路径-目的隐喻，因为铁路公司没有遭受法定的损害，也就是没有补偿性请求的来源，所以铁路公司没有诉讼资格。

法院援引19世纪60年代的私权利模式，阻止南方各州挑战重建计划。① 佛罗里达诉安德森案中，争议问题是该州的利益是否足以直接援引特别衡平权力来搁置判决和使销售交易无效。只有在这种意义上，法院才会关注该州政府是否"对争议有直接利益……，给予它诉讼资格"。在随后的半个世纪中，法院纠结于对

---

① Steven L. Winter，1436.

各州援引公权利模式的许可。哈兰是经常为私权利模式辩护的第一个大法官，"案件或争议"是对各州提出诉讼的限制；相比之下，大法官霍姆斯认为，各州政府似乎可以维护"准主权利益"①。

衡平法以部分—整体图式为前提，发展了自己特色的构成模式：股东派生诉讼。问题是衡平法能否根据构成部分的请求来防止对作为整体的法人实体有害的违法诉讼。这是一种派生诉讼，因为各构成部分的请求权是以适用于法人实体的来源-路径-目的图式为前提的。

上诉到最高法院的第一例股东诉讼案是道奇诉伍尔西案，原告对公司的一项州税赋提出反对。最高法院引用了部分整体隐喻，指出"英国和美国的衡平法院，根据一个或一个以上成员的请求，对公司都有管辖权"。法院像以前一样，只是在衡平语境中继续讨论"主体资格"。事实上，富星汉姆和费尔柴尔德之后仅仅一年，最高法院重新维持"主体资格是一个涉及事实真相的问题，并且……（诉讼的）决定是行使管辖权"②。

三

十九世纪末和二十世纪初，现代行政国家开始建立，原来一个边缘化的法律概念，法律意义上未构成侵权的损害以一种戏剧化的方式开始显露，缓和了行政型政府的压力。行政型政府可以世俗化，可以创设大量新的行政法规和利益，而无需创造新的法定权利。虽然法律上未构成侵权的损害还不是一个诉讼理论，但为以

---

① Steven L. Winter，1493.
② *General Inv. Co. v. New York Cent. R. R.*，271 U. S. 228，230 - 231(1926). see Steven L. Winter，1448.

后宪法原则承认民事诉状的效力，拒绝提供司法裁判场所的正当性提供了一个理由和模式。[①]

有关主体资格的法律从法律利益标准转向关注程序的定义，这种定义不同于使用程序理由的实体依据。这种以程序为导向的中立标准，完全不同于实体依据，构成了"主体资格"隐喻的第二个主要方面。主体资格隐喻具有主体资格规则表达的具体蕴含。"主体资格"是一个个人主义隐喻，而且，这个隐喻暗示个人必须与审判程序的形式门槛有某种关系，如站着接受审理。主体资格规则通过按照两个来源-路径-目的隐喻建构的私权利模式来解释个人与审判程序的关系：一个是因果关系，另一个是补偿性关系。这些隐喻和它们的构成图式对主体资格分析产生了重大影响。[②]

语言是"社会现实"的路标，强烈地决定着人们对社会问题的思考过程。如上文所述，审判最初的概念化过程包括了公权利和私权利模式，没有主体资格的宪法概念。"主体资格"隐喻经常表述的权利和救济的不同概念被审判领域一个单一的概念安排结果所代替，这种审判领域需要损害，与私权利模式一致。科尔曼诉米勒案中，弗兰克福特大法官引用两个并列的认知过程把典型的私权模式和主体资格隐喻结合起来，汇集成一个单一的、认识上一致的结果：主体资格的宪法规则。

主体资格隐喻的信条是主体资格是除了争议问题真相之外的通道问题，这是隐喻本体效应的重要产物。这个特征对隐喻本身有意义：问题在于不是你必须说什么，而是你是否能被听到说什

---

① Steven L. Winter，1453.
② Steven L. Winter，1459.

么，就是你"站着吗（有资格吗）"后者取决于你是否有阐述自己主
张的身份（你有出庭权吗）。这种影响是本体的，不仅仅在于使用
恰当的分析工具，这种影响与普通人的常识经验不一致。

第十章

法人是人

　　法人获得自然人的法律地位是法律中一个最为持久的制度和最为广泛接受的法律拟制。法律允许法人从事自然人的某些活动，例如，可以签订合同，买卖土地，实施侵权行为，起诉和应诉，但没有其他的权利和责任，如法人不得担任公职，在选举中投票，或者坐牢。尽管法人和血肉之躯的自然人之间有明显的不同，但是有充分的相似点使法律把法人作为自然人对待。

　　法律学者阿瑟·麦肯认为"法官最初说'法人是人'时，他用隐喻陈述法人与人之间具有某些类似或相似之处，在法律的某些方面将把法人作为人，或能够感觉和选择的理性人对待"[①]。按照他的观点，法人被称为人，确实因为有人把它视为人对待，并且，如果用其他方式指代，法人作为人就能用某些不可能的方式理解。他继续阐述："如果你能想象法人实体是人，也能设想它有思想。因此，法人能因为欺诈或恶意，或某种犯罪的心理状态而有罪。[②]"

---

① Arthur Machen, *Corporate personality*, 24 Harvard Law Review(1911:263). Also see Sanford Schane, *Language and the Law*, Continuum, London · New York, 2006:95.

② Ibid., 96. If you can imagine that a corporate entity is a person, you can also（转下页）

一

法人是人的隐喻绝不是近代法理思想的产物。早在 1444 年，英国国会议事录中就主张"以医院的名义，他们（医院的院长和工友）是能购买自然人拥有的公寓的自然人"。三个世纪后，英国著名法学家威廉姆·布莱克斯通爵士对法人有如下的定义："自然人诚如自然之上帝塑造的那样，拟制的人是人类法律为社会和政府目的创造和设计的，称为法人或政治团体。[①]"

19 世纪，特别在法国和德国，对法人人格的研究比较盛行。"法人"一词源自拉丁语的"corporatus"，"构成人体"，意思是为共同目的而指定的、由个体构成的一个团体。这种团体具有不同于那些个体的权利吗？19 世纪，这个问题的哲学意义一直困扰着德国和法国的法学家们，产生了三种关于公司法人人格的不同理论：创制论、团体论和自然人论。这三个理论承认社会的不同利益：创制论强调主权的最终影响，团体论突出自然人个人的契约权利，自然人理论则是企业组织的经济自由。[②]

1801 年至 1835 年，美国最高法院大法官约翰·马歇尔把法人描述为"拟制的存在物，看不见、摸不着，只存在于法律的想象中。作为法律的创设物，它只具有自己的设立章程赋予它的那些

（接上页）imagine that this person has a mind. Consequently, corporation can be guilty of fraud, or of crimes involving a particular mental state.

[①] Sanford Schane, *Language and the Law*, Continuum, London · New York, 2006: 57. Natural persons are such as the God of nature formed us; artificial are such as are created and devised by human laws for the purposes of society and government, which are called corporations or bodies politic.

[②] Ibid., 60.

特点"①。马歇尔的叙述已经成为法人是"创设物"的经典定义。这个观点随着 19 世纪后期和 20 世纪初期私人公司的华丽出现而不断发展。

美国宪法在规定跨州公民之间诉讼的联邦管辖权时,明确规定"跨州公民之间……的诉讼",并没有提到公司法人,因为宪法起草没有预见到公司像今天这样常见和普通。1809 年的德沃案中,有关公司的联邦管辖权问题第一次进入了最高法院的视野,这就是著名的美利坚银行诉德沃案。原告方是在宾夕法尼亚许可成立的银行,起诉被告德沃,后者是佐治亚州的一个收税员,理由是收税员从银行取走了银行认为自己实际上不应该缴的税款。被告收税员很高兴案件在佐治亚州法院审理。原告当然有理由希望案件在联邦法院审理,而且在佐治亚州联邦巡回法院提起了侵害之诉。被告收税员认为本案不存在联邦管辖权,因为公司不是宾夕法尼亚的公民,也根本不是公民。宪法第三条论及"跨州公民之间的诉讼",是唯一可适用于跨州公民的规定。

因此,公司是否可以到联邦法院起诉,最终必须依据对该条的解释。第三条使用的"公民"含意适用于公司吗?联邦法院通过对公司性质的研究来寻找答案,认为英国法中"公司被定义为法律独自完成的创造物,看不见,摸不着,无形体……"②,这个创设论的

① Sanford Schane, *Language and the Law*, Continuum, London · New York, 2006: 58. The corporation is an artificial being, invisible, intangible, and existing only in contemplation of law. Being the mere creature of law, it possesses only those properties which the charter of its creation confers upon it.
② *Bank of the United States v. Deveaux*, 9 U. S. (5 Cranch) 61, 87 (1809). That invisible, intangible, and artificial being, that mere legal entity, a corporation aggregate, is certainly not a citizen; and, consequently, cannot sue or be sued in the courts of the United States.

定义无法提供允许公司到联邦法院诉讼的任何观点,于是改变了对公司自身的关注,用团体论的观点聚焦于其构成成员,"公司名称,事实上不可能是一个外国人或公民,但是它代表的自然人可以是某个人,争议在事实和法律上都是以自己公司的名义起诉的那些自然人……,以及诉讼针对的个人"①。不难理解,团体论忽略了公司名称,揭起了公司面纱,看到其公司背后的真正的成员,把公司的利益演变为公司成员的利益,认为公司成员是自然人,不是集合法人,是合格的公民,这足以使公司符合第三条跨州公民身份的要求,有权得到法律保护的是他们。

德沃案的裁决实际上解决了作为合伙人的股东起诉或应诉的公司诉讼。该判决也规定了公司的跨州诉讼程序。如果它们的州籍不同于另一方当事人,就符合跨州身份的要求。

新的情况不断出现。1844年,最高法院遇到了公民身份重合的特殊情况。莱特森是纽约州的公民,在南卡罗琳纳联邦巡回法院起诉铁路公司违约。被告铁路公司想设法摆脱联邦管辖权,声称公司的股东不全是该州的公民,其中有两人是北卡罗琳纳公民,一名股东是银行法人,而银行法人的两名股东来自纽约,与原告莱特森在同一个州。② 法院明显认为一部分股东没有合适的身份来支持自己行使联邦管辖权,而其他股东具有支持联邦管辖必需的居所,不能剥夺后者主张这种管辖。法院又一次急于允许公司的跨州身份管辖。

---

① *Bank of the United States v. Deveaux*, 9 U. S.（5 Cranch）61, 87（1809）. A corporate name, indeed, cannot be an alien or a citizen; but the persons whom it represents may be the one or the other; and the controversy is, in fact and in law, between those persons suing in their corporate character ... and the individual against whom the suit may be instituted.

② *Letson*, 43 U. S（2 How.）497（1844）.

最高法院用令人吃惊的文字魔法般地想出了一个符合自然人理论的新规则："按照某州法律设立的公司……，虽然成员来自外州，对我们就像自然人，尽管是拟制的人，居住在该州，因此为诉讼方便有权被认为是该州公民"，并且，"在某个州设立并从事商业活动的公司实际上几乎应被视为人，虽然是拟制的人……，能作为该州公民对待，就像自然人一样"①。显然，莱特森案对公司的解释与德沃案很不相同，明确称公司为人，准确讲，是"拟制的人"，有别于作为个体的自然人。法院已经把公司和自然人这两种实体都称为人。通过一个普通的标签，公司和人彼此相似。这种语言策略使审判法院能讨论前者，但又像后者一样对待它。

美国法院确定公司人格的理由取决于居所这个有点奇特的概念。在某个州设立从事商业活动的公司类似于在该州出生和生活的个体，仅因为居所，它就像人。因为居住地通常是确定人的州居民身份的重要标准，这成为法院论证的关键环节。法人是一类人，是某州的居民，居所决定人的身份，从这些前提出发，一定得出公司身份的结论，法院判决公司应该是公民。

最高法院的这种言语行为同时为公司赢得了人格和公民身份。法人有人格，有居所，是居所地的公民。一旦公民借助居所被视为人，尽管是拟制的人，那么它"能作为公民被对待……，就像自然人一样"。这实际是暗示公司是人的理论的语言。

---

① *Letson*，43 U S（2 How.）555，558（1844）. A corporation created by a state … though it may have members out of the state，seems to us to be a person，though an artificial one，inhabiting and belonging to that state，and therefore entitled，for the purpose of suing and being sued，to be deemed a citizen of that state. ……［A］ corporation created by and doing business in a particular state，is to be deemed to all intents and purposes as a person，although an artificial person … capable of being treated as a citizen of that state，as much as a natural person.

虽然莱特森案是法人是人这个隐喻的胜利，但却是一个令最高法院尴尬的隐喻。十年后的另一个案件否定了这个隐喻。

马歇尔诉巴尔的摩和俄亥俄铁路公司案非常有趣。一名弗吉尼亚人到马里兰联邦巡回法院起诉一家马里兰铁路公司，理由是铁路公司没有偿付获得弗吉尼亚的通行权时欠自己的服务费。被告铁路公司是"根据马里兰州议会法律设立的法人"，但这不足以证明联邦法院管辖权已经被法院否定了。最高法院认为这个理由很充分，该案不仅确定了跨州公民身份的特殊程序，而且证明这是法院对公司人格特征的一次罕见的哲学尝试。

法院小心翼翼地应对拟制的实体："但是，公民签订合同，和法人发生争议……，不是解决一个仅仅形而上的抽象概念，而是与自然人发生关系……，与此类人发生关系的那些人被用三段论或诡辩论剥夺了珍贵的权利，这不合理。三段论或诡辩论巧妙地应对词语和名称，不考虑它们代表的事情或人。"

法人设立地，而不是公司成员的身份，成为最重要的因素，从这一联系点出发，法院用最奇特的方式推理出股东的身份："行为人以法人的名义做出行为，可以合理推定他是法人必然住所所在州的居民，应当禁止他证明有不同的住所。①"

毫无疑问，在理性的状态中，所有股东都是法人设立州的公民，无需调查每个股东的身份来确定是否身份不同。例如，通过具有这种效果的声明就足以断定公司的设立地。但是，关于股东身份的假设只有在这种理想情形中能经得起严苛的审查，全体股东

---

① Marshall，U. S(16 How.) 314，327 - 328(1844). The persons who act … and use [the] corporate name，may be justly presumed to be resident in the State which is the necessary habitat of the corporation …，and should be estopped … from averring a different domicil…

实际上是设立州的公民。非理想状态怎么样？如果股东来自公司设立州之外的其他州，会发生什么？最高法院勇敢地声称即使在那种情形下，这种推定也不会受到怀疑。

法人是设立地的公民，法院用这个拟制，这样一个隐喻来确定公司身份，表明法院一方面相信公司实际享有公民的各项权利，与此同时，又不愿意直接把身份给予公司。莱特森案和马歇尔案有一个重要的共同点：公司设立地成为身份的决定性因素。在前一个案件中，公司自己被视为设立州的公民；在后一个案件中，所有股东被推定为该州的公民。在两种情况中，调查公司设立地，如果不同于另一方当事人，就存在身份的不同。

但是，法人可能在某个州设立，总部设在该州，在其他州从事经营活动。这种公司基本上居住在其他州。该州公民能在联邦法院对应当是本州的公司提起诉讼吗？公司设立州的公民在与实际居住在其他地方的法人打交道时，将被拒绝向联邦法院起诉的机会吗？这些问题说明，或许为了不同的身份问题，应当调查公司的主要营业地，而不是公司的设立地。因此，法人是法人居住地的公民和法人是法人设立地的公民这两个隐喻并不符合上述情形。

二

下一个舞台是公司成为人。这个重要措施发生于 1910 年，又是一个有关铁路公司的判决。虽然公司是在弗吉尼亚州许可成立的，但在阿拉巴马州拥有很多的铁路线。阿拉巴马州对外州公司征收许可税，但同样的税负不会对本州公司征收。铁路公司声称由于这种歧视性待遇，自己没有得到法律的平等保护，因此阿拉巴马州的行为违反了第十四修正案的规定。法院几乎静悄悄地做出了判决："公司是第十四修正案规定的人，不再公开讨论。"并且，在判决书中，法院称铁路公司为"原告公司"。没有任何地方提到公司成员，法院也没有建议公司是拟制的人，在宣布公司是人时，法院明显从人的理论角度阐述有关问题。

1958 年，马歇尔案判决 100 多年后，一个新隐喻的产生解决了这些问题。《跨州身份法》1332 款规定："公司应被视为设立州和主要营业地州的公民……"。根据该法的解释，公司可以在一个或一个以上州设立，但它只能在一个州有自己的主要营业地。

哲学家约翰·杜威认为"人"是纯粹的法律概念，指代法律为它选择的任何意义：

> 说"人"从法律上讲可以指法律使它所指的任何意义时，我试图说明"人"可以被用来仅仅作为权利义务承受单元的同义词使用。任何此类单元会是人，这种说法……将不传达各种意义，除非单元具有法院认定它拥有的那些权利义务。在公众演讲，或者心理学、哲学或道德中"人"指代什么无关要紧……，正如有人认为因为葡萄酒被称为"干红"，所以具有干的固体特点……。显然，"干的"用于特定的酒时具有某种意义，而且只是这种意义。为什么法律中"人"的用法不应该是同样情况呢？[①]

杜威的意思是法律规定了权利义务承受者的概念，它包括人和法人。如果法律用"人"这个词来说明那种实体，这种用法没有

[①] John Dewey, *The Historic background of corporate legal personality*, 35 Yale Law Journal (1926:656).

暗示自然人和机构之间的必然联系，不管是隐喻式的或是其他方式。这个立场，受到了法律学者阿瑟·麦肯的反驳，他认为"法官最初说"法人是人"时，他在用隐喻陈述法人与人具有某些类似或相似之处，在法律的某些方面将它作为人，或能够感觉和选择的理性人对待"①。

按照他的观点，法人被称为人，确实因为有人把它当作人对待，并且，作为人，如果用某些其他方式指代，就可能用某些不可能的方式理解。他继续阐述："如果你能想象法人实体是人，也能设想它有思想。因此，法人能因为欺诈或恶意，或某种犯罪的心理状态而有罪"②。

最终，公司是自然人的隐喻登场，成为最适合美国公司发展需要的理论。这种理论认为公司是独立存在的实体。因此，公司成员资格的准确构成变得不再那么重要。法人可以拥有自己的财产，自己承担债务。于是，可以理解，法人成员的责任与公司的责任并不相同。最后，作为自然人，法人有权把责任委托给其代理人：管理层和董事。自然人理论把法人作为权利义务承受人，使法人摆脱了创制论和团体论的那些限制性观点。不止一次，最高法院必须决定在美国宪法的语境之中"自然人"和"公民"这些术语是否适用于法人，以及为了解决这个问题，法院不可能彻底忽视法人人格的特点。

---

① Arthur Machen，95.
② Arthur Machen，348.

第十一章

知识产权隐喻

霍夫曼勋爵在论述版权法核心概念的不确定性、抽象性和独创性三者之间的关系时,有一个这样的认识:"一般而言,在艺术作品版权案件中,被复制的思想越抽象、越简单,它就越不可能构成重要的内容。独创性在作者技巧和劳动贡献的意义上,容易存在于表述基本思想的细节中。版权法更好地保护狐狸而不是刺猬。①"事实上,英美知识产权领域中,隐喻极为普遍,它们被广泛使用来讨论各种有争议的问题,例如,"海盗"和"寄生虫"是指未经授权使用版权作品的人,把作者和发明人比作"收割"和"播种"的农民,应该得到自己劳动的"果实"。另一个重要特点是知识产权话语中的许多隐性隐喻,以修辞的方式形成"隐喻丛",把一系列非常负面的联系附加给某些人,如知识产权未获许可的使用人,他们的利益与知识产权所有人和生产者的利益有分歧,或者至少不趋同。虽然这些消极隐喻在话语中具有重要地位,但这不是单方面

---

① *Designers Guild Ltd v Russell Williams* (*Textiles*) *Ltd.*,〔2001〕1 All ER 700, at 706 (Lord Hoffman). Also see Patricia Loughlan, *Pirates*, *Parasites*, *Reapers*, *Sowers*, *Fruits*, *Foxes* ... *The Metaphors of Intellectual Property*, 28 Sydney L. Rev. 211,212(2006).

的,支持有限知识产权和赞同公众更广泛地使用创造性作品的那些人自己也使用隐喻,特别是"公共"的隐喻。

一

隐喻是对人类利用和理解抽象主题的能力至关重要的概念现象。隐喻不仅"表达思想",也构建思想,甚至使思想成为可能。近年来,当代学者逐渐认识到"在我们思想和行为的方面,我们日常的概念体系根本上是隐喻的,隐喻是基本的认知工具,不仅在说和写方面,而且在思维方面也是如此"。

法律话语借助隐喻把知识产权法律界定为反对危险和邪恶力量的保护性措施,知识产权始终被描述为受到版权或专利权的保护,富有人性化的保护语言在知识产权所有人和生产者的使用中成为特别有说服力的修辞工具,智力或艺术活动创造的作品不被现有知识产权制度保护的例子被称为"保护空白"的实例。

知识产权始终受到版权法或专利法的保护,知识产权文本中的三个"隐喻丛",即作为"海盗"、"寄生虫"或"偷窃者"的未经授权的知识产权使用人,作为"农民"的知识产权作品的作者或发明人,以及不受知识产权所有人个人影响的智力创造的"公共领域"隐喻。这些隐喻在知识产权文本的使用中非常广泛、突出,发挥了重要影响。

第一个隐喻丛"海盗"利用目无法纪和使用暴力、掠夺成性的海盗和掠夺者行为非常负面的意象,用它们来衬托无助的受害者,或者侵蚀和削弱无辜者健康和安乐的生物(寄生虫),或者从单纯的所有人处秘密移走不属于自己的财物的窃贼(偷窃者),或者免费乘车而别人付费的人(免费搭车者)。这些隐喻自己出现,或者经常结合在一起构成每一个隐喻的负面影响。

例如:"流行音乐界这些时间受到不少捐赠,很繁荣。因此,这个圈子为寄生虫所困就毫不吃惊。明星和作为他们资助人和剥削者的唱片公司自然希望摆脱那些掠夺者,这些掠夺者猎取他们完全视为自己领地的猎物……,引发这种诉求的问题是法律是否合理地规定保护这种领地不受掠夺者行为的影响。在流行音乐圈中,这些掠夺者侵犯版权生产和销售唱片和磁带时被描绘为海盗,他们未经授权直接录制现场演出并复制和向公众销售时被称为非法销售者。①"

事实上知识产权话语中这个隐喻的使用不限于通过盗版非法复制的例子,也扩大适用于尽管"盗版"行为不违法,但与作者认为法律应当规定的相反,或与作者讨论的知识产权所有人的"自然权利"是什么的观点相反的例子中,例如"被盗版商标的可注册性"。

与海盗—掠夺者—寄生虫相联系的目无法纪和暴力的负面联想为另一套反对"海盗"行为的隐喻丛,即战斗、武装和正义的进攻行为提供了正当性甚至紧迫性:

盗版现象,特别是在商标方面,已经到了无法容忍的

---

① The world of pop music is in these times richly endowed and prosperous. It is not therefore surprising that it is much afflicted by parasites. Pop stars and the [*218] recording companies who are their sponsors and exploiters naturally wish to rid themselves of poachers who prey upon what they properly regard as their preserve ... The question that arises on this appeal is whether the law has adequately provided for the protection of that preserve from the activities of predators, who in the pop music scene, are described as pirates when they make and sell copies of discs or tapes in breach of copyright and as bootleggers when they make an unauthorised direct recording of a live performance for the purpose of reproducing it for sale to the public. See Ex parte Island Records Ltd [1978] 3 All ER 824 at 831 (Shaw LJ).

程度,但是如果不毫不迟延地采取所讨论的具体措施,这种情况将愈演愈烈。国际范围内采取的措施不应当鼓励各个公司放松警惕;另一方面,即使不再期望盗版受害人自己采取措施,目前解决问题的唯一希望在于动员私营企业。私营企业在日常经营中打击假冒伪劣行为积累的知识和技巧是一笔无法估计的财富。来自各行各业的公司已经形成国际范围的各种协会,唯一目标是使所有阵线的假冒伪劣制造者难以生存。①

知识产权话语中有另一个广泛使用的隐喻是田园隐喻。这个隐喻用农耕时代辛苦朴实的劳动来比喻现代发明家或作者的工作,把那种劳动的结果,也就是农作物,更具体讲是果实,比作书籍或发明。十八世纪的米拉诉泰勒案就使用这个隐喻,认定普通法有版权制度,判决"某人应当收获他人劳动创造的有益的金钱成果,这与自然正义不符"②。

---

① The phenomenon of piracy, particularly where trade marks are concerned, has reached intolerable proportions, but it will grow even further if the specific measures just described are not implemented without delay. The action being taken at international level should not encourage firms to relax their guard; on the contrary, even if the victims of piracy can no longer be expected to deal with it on their own, the only hope of an instant solution lies in mobilising the private sector. The knowledge and skills they have acquired in their daily struggle against counterfeiting represent an invaluable fighting fund. Then again, companies from all sectors of industry and commerce have formed themselves into associations at international level with the sole objective of making life difficult for the counterfeiters on all fronts. See Marie-Christine Piatti, 'Measures To Combat International Piracy' (1989) 11 EIPR 239 at 245.

② Patricia Loughlan, 220. It is not agreeable to natural justice, that a person should reap the beneficial pecuniary produce of another man's work.

对这个隐喻进行延伸，就能得到这样的意象：农民（作者）辛勤劳动，他们挥汗如雨，耕耘播种（如写书），盼望收获果实，享受劳动成果（通过出售书籍获得版税）。他们在土地周围建造篱笆（使用版权法）来预防蟊贼和偷窃者；但有时，蟊贼越过篱笆，偷盗果实（复制图书），因此获得自己没有播种的果实（尽管没有写书但据此赚钱）。这个版权保护的原则依赖于这种信仰：人有权获得自己智力劳动的果实，并且衡平法规定权利人哪儿播种，哪儿收获。[①]

隐喻"挥汗如雨"和隐喻"劳动成果"紧密相连，在美国版权理论中得到了充分发展，根深蒂固。"挥汗如雨"规则构成了这个版权原则：认定版权作品的原创性无需认定创造性或新颖性，但需认定作品创造过程中投入了充分的技能、劳动和工作。但是，这个规则在菲斯特出版有限公司诉城市电话服务公司案中被最高法院明确拒绝。

乡村隐喻事实上是版权法原创性规则的重要语言来源，在该规则发展的历史中有两个最重要的案件利用了"播种和收获"隐喻和"劳动成果"隐喻。[②] 这两个案件都在有关版权法的裁决中包含了明显的不公平竞争推理，由于不公平竞争侵权行为存在于被告侵吞他人劳动和财富创造的利益的事实情形中，"播种和收获"隐喻在此类案件中凸显重要就绝非偶然。在作品展示很少或根本没

---

① Frederick Mostert，*The Parasitic Use of the Commercial Magnetism of a Trade Mark on Non-Competing Goods*，8 EIPR 342，346(1986). This principle rests on the conviction that a person is entitled to the fruits of his [sic] own intellectual effort and that equity demands that he [sic] is entitled to reap where he has sown.

② 这两个案件是 *Walter v Lane* 和 *Ladbrooke（Football）Ltd v William Hill* (Football) Ltd [1964。后一个案件中有这样的论述：Free trade does not require that one man should be allowed to appropriate without payment the fruits of anothe's labour，whether they are tangible or intangible.

有创造性，但却是已经投入了大量劳动（精力、技能、劳动、金钱）的结果时，这些案件的争议在于认定"独创性"的入门要求是是否应当允许认定独创性（因此维持版权）。如果某人用辛勤劳动（挥汗如雨）编撰了一部按照字母顺序排列的电话号码簿，法律拒绝给予版权保护，那么他人就能复制和发行号码簿，因此"收获自己没有播种的成果"。

如果对知识产权田园意象的整体效果增添更多细节，那么即使细微的变化都能使隐喻焕发活力，例如，宾汉姆勋爵在设计师公会诉卢瑟尔威廉姆斯纺织品有限公司案中给比喻增添了"季节"：

> 版权决定于一个非常清楚的原则：用自己的技能或劳动创造任何特点的原创作品的人应当在一定期间内享有复制该作品的排他性权利。其他人不可在某个季节收获版权所有人已经播下的果实。①

"播种和收获"隐喻和"劳动成果"隐喻在商标话语中也发挥重要作用，特别是商标法延伸包括被告非常明显地使用原告商标的（即属于"文化利用"而不是贸易利用，没有使公众对贸易来源混淆的风险）情形中。例如，美国最高法院拒绝同性恋权利联合会使用"同性恋奥运会"来举办体育比赛时，明确使用了情绪化的"播种和收获"隐喻，在某种意义上可能是一种修辞上的反击，"奥运会"历史悠久，意义重大，不应当是属于希望使用它的任何人的标志：

---

① Patricia Loughlan，220. The law of copyright rests on a very clear principle: that anyone who by his or her own skill and labour creates an original work of whatever character shall, for a limited period, enjoy an exclusive right to copy that work. No one else may for a season reap what the copyright owner has sown.

　　旧金山艺术体育有限公司主张一种表达目的,但不是纯粹商业目的的事实无法使它获得第一修正案的权利来私吞他人已经播下的成果。①

<h2 style="text-align:center">二</h2>

　　菲利普·那不勒斯教授研究从 1965 年到 1998 年 6 月美国联邦通讯委员会制定的政策时,发现隐喻"在解除管制语境中的使用频率明显很高"②。就互联网而言,"任何诉讼获得法律保护的性质和范围取决于分析诉讼时选择的隐喻,这依然是一个非常充分的原则"③。法学家们经常讨论网络资源(包括数据和容量)和土地或者动产这类有形财产之间的差异④,与动产相联系的隐喻含意构造了对网络资源的治理,即使那些含义与案件的细节不是非常合适。⑤ 其中有几个隐喻需要特别讨论。

　　第一个隐喻是版权作品是有形财产,这是版权隐喻的基本出

---

① *San Francisco Arts & Athletics Inc v. U. S. Olympics Committee*, 483 U. S. 522 (1987). Also see Patricia Loughlan, 222.

② Philip M. Napoli, *Foundations of Communications Policy: Principles and Process in The Regulation of Eletronic Media*, New York: Hampton Press, 2001:115.

③ Shyamkrishna Balganesh, *Common Law Property Metaphors on the Internet: The Real Problem with the Doctrine of Cybertrespass*, 12 Mich. Telecomm. Tech. L. Rev. 265,302(2006), available at http://www.mttlr.org/voltwelve/balganesh.pdf.

④ See, e.g., David McGowan, *Property Rights on the Frontier: The Economics of Self-Help and Self-Defense in Cyberspace*, 1 J. L. Econ. & Pol'y 109(2005).

⑤ Bill D. Herman, *Breaking and Entering My Own Computer: The Contest of Copyright Metaphors*, 13 Comm. L. & Pol'y 231,242, Spring, 2008.

发点。

苏珊·奇沃认为"语词是财产,从1710年起,法律就维护这个原则"①。但当时这个主张并不正确。1710年英国制定的《安妮法》规定了14年的出版垄断权,期满可以延展14年。从1769年的米拉诉泰勒案到1774年的唐纳森诉贝克特案的这段时间里,版权垄断具有与物权同样的普通法地位的法律原则仅延续了5年。此后,有关普通法财产的适用性实际上并不存在。但是,正如希瓦·韦迪雅那桑的论述一样,"米拉诉泰勒案中,各种论据和修辞说明判决中的'财产对话'延续了两百多年"②。

"作者把自己的劳动与现有想法和故事的原材料混合"这个隐喻就是这些财产对话的内容之一。③这个"混合隐喻"是约翰·洛克财产理论中暗含的操作性原则。互联网时代,根据这个修辞,学者和普通人用洛克的财产概念来解释版权法,把有形财产这个熟悉的领域延伸到版权法这个神秘的领域。强尼·卡什在美国国会作证支持《千禧年数字版权法》时,引用洛克的理论,论述说版权"告知我们的法律尊重我们用头脑创造的成果,就像尊重我们用双手建造的成果一样"。这个隐喻隐含着未经许可使用版权成为偷窃财产,侵犯版权的行为构成"侵占和传播获得版权保护的财产和破坏版权所有人的财产权"④。据此观点,对等网络的产生就是一个窃取和偷盗的问题。

---

① Susan Cheever, *Just Google "Thou Shalt Not Steal*," NEWSDAY, Dec. 12,2005, at B13.

② Siva Vaidhyanathan, *Copyrights and Copywrongs: The Rise of Intellectual property and How It Threatens Creativity*, New York: New York University Press, 2001:43.

③ Ibid., 41–42.

④ Carolyn Andrepont, *Digital Millennium Copyright Act: Copyright Protections for the Digital Age*, 9 Depaul-Lcaj. Art & Ent. L. 397,398(1999).

　　许多法律学者认识到了版权保护发展背后的强大智力趋势。有几个思想家以及美国和欧盟的官员们"雄心勃勃地提倡文化表达作为一种商品贸易的观点……，在录音录像制品、电影、电视节目和软件的配件生产商和供应商的强烈要求下，他们坚持认为各国应当把对版权所有人权利的各种限制措施最小化"①。这种观点可以用垄断意义上的新自由主义版权观点来解释，这种观点赋予版权所有人"范围广泛的财产权，这种财产权延展到每一个可想到的、有价值的使用"②。

　　这种新自由主义的观点有强弱之分。按照弱势观点，版权是与动产权利相似的财产权。这意味着，版权侵权行为具有一定程度的损害，与版权黑体字法相似，而版权黑体字法通常无意惩罚没有损害的版权使用，但近年来这种趋势在下降。

　　按照财产权利主张的强势观点，版权类似于不动产权利，如土地权，这实际上禁止任何未经授权的使用。物权所有权的隐喻已经开始解释许多人对版权法的看法，包括律师和非专业人士等。有学者认为"在过去25年中，关于版权的重要隐喻从一种共享、平衡的模式转变为一种需要借助所有必要手段保护的私人财产模式"③。物权的意象甚至形成了在版权争议中受到普遍争论的大多数特定隐喻。

　　美国社会进入互联网时代之后，版权隐喻的广泛流行很大程度上是版权所有人持续不断地建构财产争议的结果。他们从源领域有形财产着手，把所有权和偷窃这一类概念映射到不太熟悉的网络版权法目标领域。有人暗示这就像作家和艺术家发现自己

① Neil W. Netanel, *Asserting Copyright's Democratic Principles in the Global Arena*, 51 VAND. L. REV. 217,219 - 220(1998).

② Ibid. , 244.

③ Kembrew Mcleod, *Freedom of Expression: Overzealous Copyright Bozos and Other Enemies of Creativity*, New York: Doubleday, 2005:109.

"被盗的"作品出现在网上时的感受，类似于所有人在网络拍卖场发现了自己被盗的家具在出售的情况，这种盗窃不是一种轻罪。[①] 侵犯版权是邪恶的，更糟糕的是，这是一种盗版行为。几个世纪以来，它构成了"打劫、绑架或其他犯罪行为"。就像现实世界的海盗一样，在西方法律秩序不存在的领域，包括互联网和那些不执行国际条约的国家，盗版现象蓬勃发展。

传统上，尊重版权所有人的财产权是资本主义的核心要义，资本主义建立在对私人财产权利的强烈信仰之上。学者契弗只是暗示了一个网络侵权等同于侵占动产的解释，但是视频游戏迷们用一种接近于土地财产权利的方式看待版权。任何未经邀请的闯入行为都是侵权行为，就像从地面取走矿物，甚至在未来出人意料地开采属于所有人的矿产。按照这种世界观，版权所有人拥有所有的衍生利益。付款是资本主义的信条，在一个极为尊重财产权利的国家，版权是财产的隐喻把版权所有人和上帝、国家并列，侵权人就是小偷、海盗。[②]

版权隐喻中另一个使版权控制具体化的隐喻是紧锁的门。

美国版权署的玛莉贝丝·皮特在支持《千禧年数字版权法》法案的书面证词中，明确把财产类的版权和借助数字密钥的控制使用权联系起来：

> 长期以来，美国法承认版权所有人有权控制对其作品的使用，可以选择不让他人使用自己的作品或者仅按照规定的条件使用作品。这意味着……他可以发表作

---

① Bill D. Herman，248.

② Bill D. Herman，247. Also see Pugo, *The Ethics of Used Videogames and Fair Use*，http://www.8bitjoystick.com/archives/jake_the_ethics_of_used_videogames_and_fair_use. php.

品,与此同时规定允许他人看到作品的条件,例如收费或者规定可以使用作品的限制条件……。本法案将继续沿用这个重要的前提,许可版权所有人有权拥有加密的作品和选择性地向他人展示作品。1201条因此被类比为法律禁止闯入的同等规定。按照现有的法律,不允许为公平利用存放在屋内的文稿而闯入紧锁的房间。①

隐喻紧锁的门有更多的含意:闯入是道德上应受惩罚的严重暴力犯罪,对受害人带来严重的心理创伤和危险。把规避措施和闯入与侵入相联系,具有很深的道德意义,使反对者出处于一种不利的修辞处境。这个隐喻对支持禁止规避措施的那些人而言,是一个重要的概念和修辞手段。

这个隐喻也渗入到有关数字作品版权的法律解释和实施之中。321工作室案中,321工作室认为千禧年数字版权法在本案中不适用,因为数字防拷贝保护技术在防止未经授权利用和使用过程中没有效果。法律适用的措施必须有效,既然规避数字防拷贝保护的方法在互联网上随处可觅,321工作室质疑这种加密方法是否已经获得了适合于有效保护的法律保护措施。② 美国联邦法官苏珊·埃尔斯顿用隐喻来支持对成文法比较严格的解释,但她的隐喻需要某些情景或背景。在反驳321工作室的推理时,她写道:"这等同于这样一种主张,由于在黑市上很容易找到万能钥匙,

① WIPO Copyright Treaties Implementation Act and Online Copyright Liability Limitation Act, Hearing on H. R. 2281 and H. R. 2280 Before the Subcomm. on Courts and Intell. Prop. of the House Comm. on the Judiciary, 105th Cong. (1997) 49 (statement of Johnny Cash, vocal artist). Also see Bill D. Herman, 249.
② *321 Studios v. MGM Studios*, *Inc.*, 307 F. Supp. 2d 1085 (N. D. Cal. 2004).

那么外置门锁就不是门上的有用锁具。"①她明确使用了紧锁的门以及闯入和进入这个意象，形成了该法案早期的一个重要司法解释。

杰西卡·利特曼教授追踪研究了过去几十年版权的发展，认为版权争议产生的原因一定程度上是转向讨论"所有人有权控制作为财产的版权"②。有些学者意识到了版权是财产这个隐喻的危险，倡导更接近于免费文化的观点，呼吁非营利组织放弃"知识产权"这个短语，并且讨论作为一系列权利的版权。③

近年来，免费文化运动不断重视公共领域这个隐喻，用它来帮助人们理解此类信息垄断版权无限扩张的危害。詹姆士·保利教授把版权法的快速发展与英国历史上的圈地运动联系，认为二者都是一个逐渐用篱笆围起公共土地并变为私人财产的过程。互联网时代，这个历史过程又重演，所有公共领域的文化基本要素正在被那些主张不断扩大知识产权版权保护具有道德和经济方面正当性的人所攫取。由于保护范围的不断扩张，过去那些认为管制可能是越轨行为的领域不断被无形财产的权利主张所吞没。就像第一次圈地运动一样，这在社会、经济和政治领域造成了实际后果。公共领域这个隐喻在一定程度上有可能缓解这类财产保护的扩张，保留公众可以利用的智力资源，否则，这些资源会陷于排他性权利所有人的控制。④

---

① *321 Studios v. MGM Studios*, *Inc.*, 307 F. Supp. 2d 1085（N. D. Cal. 2004）.

② Jessica Litiman, *Digital Copyright*, New York: Prometheus, 2001:81.

③ Bill D. Herman, 252.

④ James Boyle, *The Second Enclosure Movement and the Construction of the Public Domain*, 66 Law & Contemp. Probs. 33,33 - 34,38 - 38(2003).

第十二章

财产隐喻

英美法中一个非常著名而且很常见的财产隐喻是把财产类比为"一捆木棍"（a bundle of sticks），即一种由其他肉眼可见的实物组成的有形实物。[①]

这个隐喻把与财产相关的各项法定权利分解为更小的权利概念，每一个"木棍"都把一项独立的财产权利概念具体化，各项权利彼此除了接近之外，没有其他特殊关系。这与物权的占有、使用、处分和收益的权能很类似。因此，木棍的视觉形象是一个独立物的意向，在这方面，隐喻淡化了权利归类可能相互联系和相互依存的感觉。在视觉方面，"捆"是一个粗糙的隐喻意象，粗糙是抽象和率真的代词，使人更容易理解财产的权利内涵，更有可能突出财产权利的特定要素，即使某个要素缺失，也不会影响其他权利的

[①] Carol M. Rose, *Property and Persuasion: Essays on the History, Theory and Rhetoric of Ownership*, Boulder, Colorado: Westview Press, 1994:278. What is a visual metaphor of property? A notable example is a property metaphor now in rather common usage: the analogy of property to a "bundle of sticks" — that is, a kind of visible, physical entity made up of other visible entities. The idea informing the metaphor is that property is not a single unitary thing but rather a group of rights, some of which may be added or removed under appropriate conditions.

存在。

因此,这个隐喻的"理解"在很大程度上是区分财产权利各方面特点的一种手段,直观地帮助人们掌握他们财产权利的分离和转让,而不是它们的相互联系和相互影响。这种视觉隐喻能够表达财产法定权利各部分之间可以分离的认识,就像在现实生活中人们看到篱笆或其他物理标记,就可以把某个财产与另一件财产分开一样。

另一方面,这个隐喻也暗含着财产即使是木棍,也是许多木棍结合在一起构成的一捆木棍,而不是一根木棍。这象征着只有所有的财产权利同时归物权人控制时,财产才具备完整意义上的财产权。

这个隐喻试图说服人们对财产的"科学"理解,但缺点是将使财产含义的普遍概念空洞无物。例如,这种隐喻非常普遍地用于关于美国政府"征收"财产的讨论中,特别是如果土地所有权通常被解释为由不同部分组成的一系列权利,而问题是行政法规定是否已经限制或者没收了许多重要的财产权利。这个隐喻用于解释其他私权性质的协议时,仅仅一个名称就关系到几个相关的权益,例如,解释私人共有权或其他类型的共有利益。共有所有人通常对自己单元的居住空间具有"非限嗣继承"权益、阳台区域和停车位的专属地役权、走廊和游泳池的按份共有、社区治理的规定参与权,等等。如果所有人购买了公寓房,就有权获得整套权利,这套权利由许多不同的权利组成,有些是排他性的,有些是与其他所有人共享的。在一个稍微不同的领域,捆的隐喻可以解释合同的属性特征,也就是说,人们可能会用隐喻的方式来谈论合同,比如某种服务的许多法定权利。

但是,一捆木棍并不是财产唯一的视觉隐喻。奥利弗·温德尔·霍姆斯在证明合同权利可以理解为一种财产权益时指出,合同权利的转让是财产转让,就像买卖一匹马一样。霍姆斯也曾经以马做隐喻来说明财产的法定权利。如果合同权利整体转让,这个隐喻比以一捆木棍做隐喻的喻体特征更精准一点。

　　现代社会中,随着法律制度规定的不断细化和完善,这种视觉隐喻在传递有关统计概率的信息和基于这些概率的权利方面非常有用。当今世界,许多资源权利体现为统计数字,这在环境法中尤其显著。如果把环境法作为物权法的一个分支进行分析,视觉隐喻就能让人们"看到"环境数据意味着什么,并允许人们根据相对风险水平来制定限制和允许大气排放物的政策。例如,有毒空气排放无形地侵犯他人的身体或他国领土,但是人们仅从统计上了解到这种侵权。如果人们不理解这些小数字意味着什么,那么控制有毒气体排放就不会有多大进展。环境保护中,如果其他方面都一样,要降低环境风险,相同的成本解决不同的风险,人们就能更好地决定环保支出,有限的资金首先用来解决更大的环境风险,然后考虑应对其他较小的风险。在此意义上,视觉的物理隐喻并没有分裂,而是重新整合。施喻者的想象力用心灵的眼睛展现了说服的机会。如果法律人由于缺乏隐喻类比能力而导致想象力的缺失,也就无法"设想"环境保护与治理中遇到的风险,或者更理智地处理环境问题的方式。在此意义上,法律想象是走向说服的一步,而说服是走向决策和行动的一步。

后记

从起源上分析,法律隐喻本身是从法律外部而不是法律内部进入法律制度,许多隐喻都不是现在的思想,而是历史特定时代的观点。法律概念今天的意义几乎完全可以归功于概念的发展过程。抛开观念发展的过程,许多概念无法理解或无法准确理解。产生于普通法或制定法缝隙之中的法律隐喻,在其发展过程中,在特定的时期,它的支配力有可能超越逻辑或理性。"一页历史就抵得上一卷逻辑"[1],历史在照亮昔日的同时也照亮了今天,而在照亮今天之际又照亮了未来。[2] 这些影响深远的法律隐喻原则都是从历史中获得法律意义并不断发展,历史对它们的发展给予指导,只有在历史语境中才能准确理解它们的确切意义。

另一方面,法官并不是孤立地或者真空化地理解制定法,他们把制定法视为一种宣告,宣告了一些只适用于一般条件和环境中的、用以指导理想社会的抽象法律原则。当某些特别的条件或环境出现时,抽象的法治思想需要借助隐喻类推的方式才能适用于

---

[1] Holmes, J., *N.Y. Trust Co. v. Eisner*, 256 U.S. 345,349.

[2] [美]本杰明·卡多佐著,苏力译:《司法过程的性质》,北京:商务印书馆,2017 年版,第 30 页。

当下的社会情境,通过隐喻来表达某种法律意义,帮助法律人之间、法律人与普通民众之间进行交流和沟通,最终形成公认的普遍意义,使其正当化、社会化。如果与历史割裂,这些法律隐喻的形式和意义就无法理解,并且表现得恣意专断,很难适用。

通过对以上法律隐喻形式存在的法律观念的考察,很容易发现以下几个特点:第一,法律以调节社会行为为目的,当然也可以对新出现的或者含糊不清的、以隐喻形式表述的社会行为进行间接性规范,而且疑难案件或者新案件中,法律隐喻用旧词语来描述新事物,引导人们用已经习惯的法律规范去判断新的现象,理解其他类似的现象,这种解决问题的方式更灵活、及时并具有可行性。第二,法律隐喻具有广泛的社会影响。作为观念的法律隐喻用固定的术语表达具体的思想,借助隐喻通俗易懂、简单明确的特点,人们进行思考、交流和沟通,从而使法律观念不断传播和社会化,建立了影响深远的法律话语行为体系。第三,法律隐喻具有明确的价值趋向。作为法律观念表达形式的法律隐喻表意清晰,形态稳定,必然传递观念组织社会行动的方向性,体现或指引社会行为正当性的根据,进行价值评判,在某种意义上体现法律意识形态。这些特点影响了法律人对隐喻的认知和使用,也影响了普通人对法律的认知、理解和使用。

“他山之石、可以攻玉”,理解了英美法律隐喻的功能和意义,也就可以想到这对中国法律实践的价值。学术界的学理研究和司法实务界的实证分析都表明,长期以来,我国的裁判文书存在“不愿说理”、“不善说理”、“不敢说理”、“说不好理”等方面的问题,这使某些案件时不时地成为热点敏感案件,严重损害了司法公信力。从 1999 年至 2018 年,最高人民法院制定的四个五年改革纲要中,都把推动裁判文书说理作为司法改革的主要内容之一,2018 年 6

月最高人民法院发布的《关于加强和规范裁判文书释法说理的指导意见》更是指明了人民法院裁判文书释法说理的目的、基本原则、意义和案件类型。裁判文书说理成为推动人民法院从内部倒逼司法公正的"加压器"，是以"让人感觉到的方式"来呈现司法公正的重要环节和关键载体。

但是，裁判文书加强释法说理绝不是不分案件类型，广撒"胡椒面"，而是要合理配置司法资源，重点加强疑难、复杂案件，诉讼各方争议较大的案件，社会关注度较高、影响较大的案件等的释法说理水平。就这些案件的复杂性和社会影响而言，裁判文书说理绝不能因循守旧，应尝试在传统的法律解释和司法三段论之外，充分吸收和借鉴中外法律制度中解决疑难案件的成功经验，充分发挥法律隐喻的积极作用，避免其消极的一面，努力构建一种形式逻辑之外的系统化和理论化的法律说理方法，使法律隐喻在构建法治理念、创新法律思维、促进司法公正、建设和谐社会中发挥重要作用。

衷心感谢刘晓林博士百忙之中拨冗为本书作序，他的点评睿智而厚重，使本书的出版具有更为现实的参考意义，也使我看到了未来的方向。

特别感谢三联书店的大力支持，尤其是编辑郑秀艳老师的细心校对，使本书免去了不少错误。

本书的出版得到了泰州学院高层次人才科研启动基金（TZXY2020QDJJ005）的资助。

杨德祥

2023 年 5 月

参考文献

专著

1. Andrea A. Lunsford & Lisa S. Ede,*On Distinctions between Classical and Modern Rhetoric*, R. J. Connors, L. S. Ede & A. A. Lunsford ed. , *Essays on Classical Rhetoric and Modern Discourse*, Carbondale and Edwardsville: Southern Illinois University Press, 1984.

2. Benjamin Cardozo, *Law and Literature*, New York: Harcourt, Brace and Company, 1931.

3. Bipin Indurkhya, *Metaphor and cognition*, Dordrecht: Kluwer Academic, 1992.

4. C. Forceille & E. Urios-Aparisi, *Multimodal Metaphor*, Berlin and New York: Mouton deGruyter, 2009:11.

5. Donald A. Schön, *Generative Metaphor: A Perspective on Problem-Setting in Social Policy*, Andrew Ortony ed. , *Metaphor and Thought*, Cambridge: Cambridge University Press, 1993.

6. Elisabeth Cathérine Brouwer, *Imagining Metaphors: Cognitive representation in interpretation and understanding Copyright*, Amsterdam: Institute for Logic, Language and Computation Universiteit van Amsterdam, 2003.

7. Gary Minda, *Boycott in America*, Carbondale and Edwardsville: Southern Illinois University press, 1999.

8. George Lakoff & Mark Johnson, *Metaphors We Live By*, Chicago: University of Chicago Press, 1980.

9. George Lakoff, *The Contemporary Theory of Metaphor*, Andrew Ortony ed. , *Metaphor and Thought*, 1993.

10. George Lakoff, *Women, Fire and Dangerous Things: What Categories Reveal About the Mind*, Chicago: University Of Chicago Press, 1990.

11. H. G. Gadamer, *Truth and Method*, London: Sheed and Ward, 1979.

12. Haig Bosmajian, *Metaphor and Reason in Judicial Opinions*, Illinois: Southern Illinois University Press, 1992.

13. James W. Underhill, *Creating Worldviews: Metaphor, Ideology and Language*, Edinburgh: Edinburgh University Press Ltd, 2011.

14. Joseph E. Grady, *Image schemas and perception: Refining a definition*, Beate Hampe ed., *From Perception to Meaning: Image Schemas in Cognitive Linguistics*, Berlin. New York: Mouton de Gruyter, 2005.

15. L. H. LaRue, *Constitutional Law As Fiction: Narrative in The Rhetoric of Authority*, Pennsylvania: Pennsylvania State Univ. Press, 1995.

16. Lawrence Lessig, *Code and Other Laws of Cyberspace*, New York: Basic Bools, 1999.

17. Lon Fuller, *Legal Fictions*, Stanford, California: Stanford University Press, 1967.

18. Markus Tendahl, *A Hybrid Theory of Metaphor: Relevance Theory and Cognitive Linguistics*, UK: Palgrave Macmillan, 2009.

19. Raymond W. Gibbs, Jr., *The Cambridge Handbook of Metaphor and Thought*, Cambridge: Cambridge University Press, 2008.

20. Richard Posner, *Law and Literature*, Mass. : University of Cambridge Press, 1988.

21. Spiller, P. & Gely, R., *Strategic judicial decision making*, K. E. Whittington, R. D. Kelemen, & G. A. Caldeira ed., *The Oxford handbook of law and politics*, New York: Oxford University Press, 2008.

22. Stefan Larsson, *Conceptions In The Code: How Metaphors Explain Legal Challenges in Digital Times*, New York: Oxford University Press, 2017.

23. Stefán Snævarr, *Metaphors, Narratives, Emotions: Their Interplay and Impact*, Netherlands: Rodopi B. V. , Amsterdam-New York, 2010.

24. Thomas F. Barry, *Metaphor*, Chris Murray, ed. , *Encyclopedia of Literary Critics and Criticism*, Fitzroy: Dearborn Publishers, 1999.

25. William E. Nelson, *The Legalist Reformation: Law, Politics, and Ideology in New York, 1920 - 1980*, North Carolina: The University of North Carolina Press, 2001.

期刊：

1. Benjamin L. Berger, *Trial by Metaphor: Rhetoric, Innovation, and the Juridical Text*, 39 Court Review 30 (2002).

2. Bernard Hibbitts, *Making Sense of Metaphors: Visuality, Aurality, and the Reconfiguration of American Legal Discourse*, 16 Cardozo L. Rev. 229, 235 (1994).

3. Burr Henly, *Penumbra: The Roots of a Legal Metaphor*, Hastings Constitutional Law Quarterly (Autumn 1987).

4. Clay Calvert, *Regulating Cyberspace: Metaphor, Rhetoric, Reality, and the Framing of Legal Options*, 20 Hastings Comm. & Ent. L. J. (1997 – 1998).

5. David Cole, *Agon at Agora: Creative Misreadings in the First Amendment Tradition*, Yale Law Review (April 1986).

6. David R. Johnson and David Post, *Law and Borders: The Rise of Law in Cyberspace*, 48 STAN. L. REV. 1402 (1996).

7. George P. Long, *Who Are You?: Identity and Anonymity in Cyberspace*, 55 U. PITT. L. REV. 1177(1993 – 1994).

8. Jack Goldsmith, *Against Cyber anarchy*, 65 U. Chi. L. Rev. 1199 (1998).

9. Jack Goldsmith, *Symposium on the Internet and Legal Theory: Regulation of the Internet: Three Persistent Fallacies*, 73 Chi.-Kent L. Rev. 1119 (1998).

10. James E. Murray, *Understanding Law as Metaphor*, 34 J. Legal Education, 1984

11. Jonathan H. Blavin and I. Glenn Cohen, *Gore, Gibson, and Goldsmith: The Evolution of Internet Metaphors in Law and Commentary*, Vol. 16 Harvard Journal of Law & Technology 275(2002).

12. Jonathan K. Van, *Metaphor And Persuasion*, 58 S. D. L. REV. 295 (2013).

13. Kenneth D. Bassinger, *Dormant Commerce Clause Limits on State Regulation of the Internet: The Transportation Analogy*, 32 GA. L. REV. 905 (1998).

14. Lawrence Lessig, *The Zones of Cyberspace*, 48 STAN. L. REV. 1403 (1996).

15. Lawrence Tribe, *The Idea of the Constitution: A Metaphor-morphosis*, Journal of Legal Education 37(1987).

16. Markus Tendahl, Raymond W. Gibbs Jr., *Complementary Perspectives on Metaphor: Cognitive Linguistics and Relevance Theory*, 40 Journal of Pragmatics 1823 (2008).

17. Matthew J. McCloskey, *Visualizing The Law: Methods for Mapping the*

Legal Landscape and Drawing Analogies，73 Wash. L. Review 163 (1998).

18. Michael Boudin，*Antitrust Doctrine and the Sway of Metaphor*，75 GEO. L. J. 395 (1986).

19. Michael R. Smith，*Levels of Metaphor in Persuasive Legal Writing*，58 Mercer L. Rev. 919 (2007).

20. Neil W. Netanel，*Asserting Copyright's Democratic Principles in the Global Arena*，51 VAND. L. REV. 217 (1998).

21. Robert L. Tsai，*Fire*，*Metaphor*，*and Constitutional Myth-making*，93 Geo. L. J. 181 (2004).

22. Robert Prentice，*Supreme Court Rhetoric*，Arizona law Review 25 (1983).

23. Stephanie A. Gore，*A Rose By Any Other Name: Judicial Use of Metaphors for New Technologies*，2 Journal of Law，Technology & Policy 403 (2003).

24. Stephen L. Carter，*Religious Freedom as if Religion Matters:A Tribute to Justice Brennan*，87 CAL. L. REV. 1059 (1999).

25. Steven Winter，*The Metaphor of Standing and the Problem of Self-Governance*，Stanford Law Review (July 1988).

26. Steven Winter，*Transcendental Nonsense: Metaphoric Reasoning and the Cognitive Stakes for Law*，University of Pennsylvania Law Review (April 1989).

27. Thomas Ross，*Metaphor and Paradox*，23 Ga. L Review. 1053(1989).

28. 杨德祥：《英美法律解释中隐喻的说服功能研究》.北京:经济科学出版社，2020 年版。

英文案例：

1. *ACLU v. Reno*，217 F. 3d 175 (3d Cir. 2000).

2. *Airport Commr's v. Jews for Jesus*，*Inc.*，482 U. S. 569，574 (1987).

3. *Am. Libraries Ass'n v. Pataki*，969 F. Supp. 160，173 (S. D. N. Y. 1997).

4. *Bantam Books*，*Inc. v. Sullivan*，357 U. S. 58，66(1963).

5. *Berkey v. Third Ave. R. R. Co.*，155 N. E. 58，61 (N. Y. 1926).

6. *Bihari v. Gross*，119 F. Supp. 2d 309，319－321 (S. D. N. Y. 2000).

7. *Bivens v. Six Unknown Agents*，403 U. S. 388，400 (1971).

8. *Bogash v. Baltimore Cigarette Service*，*Inc.*，193 F. 2d 291 (4th Cir. 1951).

9. *Bradwell* v. *Illinois*，83 U. S. 130 (1873).

10. *Brandenburg v. Ohio*，395 U. S. 444，453(1968).

11. *Brookfield Communications*，*Inc. v. West Coast Entm't Corp.*，174 F.

3d 1036,1064 (9th Cir. 1999).

12. *Cherokee Nation v. Georgia*, 30 U. S. (5 Pet.) 1 (1831).

13. *City of Renton v. Playtime Theatres, Inc.*, 475 U. S. 41 (1986).

14. *Clark v. Kansas City*, 176 U. S. 114 (1900).

15. *Dodge v. Woolsey*, 59 U. S. (18 How.) 331 (1856).

16. *Edwards*, A. C. 124 (P. C.).

17. *FTC v. Superior Court Trial Lawyer's Ass'n*, 493 U. S. 411(1990).

18. *Galloway v. Finley*,249. 37 U. S. (12 Pet.) 264 (1838).

19. *General In v. Co. v. New York Cent. R. R.*, 271 U. S. 228 (1926).

20. *Georgetown v. Alexandria Canal Co.*, 37 U. S. (12 Pet.) 91 (1838).

21. *Gertz v. Robert Welch, Inc.*, 418 U. S. 323 (1974).

22. *Goodson v. Northside Bible Church*, 261 F. Supp. 99 (1966).

23. *Gormley v. Director*, Conn. State Dept. of Prob., 632 F. 2d 938 (1980).

24. *Griswold v. Connecticut*, 381 U. S. 479 (1965)

25. *Grump*,84 Va. at 939.

26. *Hayburn's Case*, 2 U. S. (2 Dall.) 409 (1792).

27. *Hazelwood School Dist. V. Kuhlmeier*, 484 U. S. 260 (1988).

28. *Hobby Lobby Stores, Inc. v. Sebelius*, 723 F. 3d 1114 (10th Cir. 2013).

29. *Island Trees Union Free School Dis. V. Pico*, 457 U. S. 853 (1982).

30. *Jeannette Rankin Brigade v. Chief of Capital Police*, 342 F. Supp. 575 (1972).

31. *Joint Anti-Fascist Refugee Comm. v. McGrath*, 341 U. S. 123 (1950).

32. *Keff v. Milwaukee & St. Paul Railroad Co.*, 21 Minn. 207 (1875).

33. *Keyishian v. Board of Regents*, 385 U. S. 589 (1967).

34. *Lidderdale's Executers v. Executor of Robinson*, 247. 25 U. S. (12 Wheat.) 594(1827).

35. *Livingston v. Story*, 36 U. S. (11 Peters) 351(1837) (Baldwin, J., dissenting).

36. *Maritz, Inc. v. Cybergold, Inc.*, 947 F. Supp. 1328 (E. D. Mo. 1996).

37. *Missouri v. Holand*, 252 U. S. 416 (1920).

38. *NAACP v. Button*, 371 U. S. 415 (1963).

39. *NAACP V. Claiborne Hardware Co.*, 458 U. S. 886 (1982).

40. *National Students Association v. Hershey*, 412 F. 2d 1103 (1969).

41. *Old Chief v. United States*, 519 U. S. 172 (1997).

42. *Osborn v. Bank of the United States*, 22 U. S. (9 Wheat.) 738(1824).

43. *Plessy v. Ferguson*, 163 U. S. 537, 559 (1869). *Plessy v. Ferguson*, 163 U. S. 537 (1996).

44. *Reno v. ACLU*, 521 U. S. 844 (1997).

45. *Roe v. Wade*, 410 U. S. 113 (1973).

46. *Russo v. Central School Dist. No. 1*，469 F. 2d 623（1972）.

47. *Sioux City & Pennsulvania Railroad Co. V. Stout*，84 US 657（1873）.

48. *Texas v. Johnson*，109 S. Ct. 2533（1989）.

49. *Trachtman v. Anker*，563 F. 2d 512（1977）.

50. *United States v. Associated Press*，52 F. Supp. 362（1943）.

51. *United States v. AT & T*，524 F. Supp. 1336（D. D. C. 1981）.

52. *United States v. Socony-Vacuum Oil Co.*，310 U. S. 150（1940）.

53. *United States v. Thomas*，74 F. 3d 711.

54. *Universal City Studios, Inc. v. Reimerdes*，111 F. Supp. 2d 294（S. D. N. Y. 2000）.

55. *University of California Regents v. Bakke*，438 U. S. 265（1977）.

56. *Watson v. Arkansas*，13 wall 679（1872）.

57. *Webster v. Reproductive Health Services*，109 S. Ct. 3040（1989）.

58. *West Virginia State Bd. Of Ed. V. Barnette*，319 U. S. 624（1943）.

59. *Young v. Hector*，740 So. 2d 1153（Fla. Dist. Ct. App. 1998）.

60. *Zwickler v. Koota*，389 U. S. 241（1967）.